MW00808158

clave

DAVID F. VENNELLS

Reiki
PARA PRINCIPIANTES

Traducción de
Héctor Ramírez y Edgar Rojas

DEBOLS!LLO *clave*

Reiki para principiantes

Título original: *Reiki for Beginners*

Primera edición: enero, 2016

D. R. © 2000, David F. Vennells

D. R. © 2016, derechos de edición mundiales en lengua castellana:
Penguin Random House Grupo Editorial, S. A. de C. V.
Blvd. Miguel de Cervantes Saavedra núm. 301, 1er piso,
colonia Granada, delegación Miguel Hidalgo, C. P. 11520,
México, D. F.

www.megustaleer.com.mx

D. R. © 2000, Héctor Ramírez y Edgar Rojas, por la traducción

ISBN: 978-607-313-887-1

Impreso en México – *Printed in Mexico*

El papel utilizado para la impresión de este libro ha sido fabricado a partir de madera procedente
de bosques y plantaciones gestionadas con los más altos estándares ambientales, garantizando
una explotación de los recursos sostenible con el medio ambiente y beneficiosa para las personas.

Penguin
Random House
Grupo Editorial

¿POR QUÉ APRENDER
REIKI?

El reiki es un sencillo y profundo sistema de curación con las manos, desarrollado en Japón, que cruza fronteras religiosas y culturales. Es un agradable y poderoso camino hacia el crecimiento personal y espiritual. El reiki puede tener un gran efecto sobre la salud y el bienestar, al equilibrar, limpiar y renovar su sistema de energía interna. Los siguientes son algunos de los beneficios que el reiki puede aportar:

- Curarse a sí mismo y a los demás; física, mental y emocionalmente.
- Obtener crecimiento personal y desarrollar compasión y sabiduría.
- Curar animales y plantas.
- Arreglar problemas en las relaciones familiares y en el trabajo.
- Transmitir energía curativa en situaciones como guerras y desastres naturales, o problemas como el crimen, el desempleo y la pobreza.
- Complementar y fortalecer otros tratamientos como la aromaterapia y la reflexología.
- Encontrar un nuevo empleo, adquirir una nueva casa, un automóvil o cualquier otra cosa.

- Tener viajes seguros y rápidos.
- Hallar la solución a un problema específico.
- Tener calma en situaciones estresantes como exámenes, entrevistas o hablar en público.
- Ser bendecido, guiado y protegido.

Los cinco principios del reiki

1. No se enoje hoy.

2. No se preocupe hoy.

3. Sea agradecido hoy.

4. Trabaje duro hoy (práctica meditativa).

5. Sea bueno con los demás hoy.

NOTA DEL AUTOR

El autor desea señalar que no es un maestro de budismo, y que cualquier consejo dado desde una perspectiva budista para apoyar la práctica del reiki, es simplemente algo que ha encontrado útil en su propia experiencia con este sistema.

Este libro no es un texto budista. Los lectores interesados en profundizar su conocimiento acerca del budismo, o en aprender a meditar, pueden consultar la información que aparece en el apéndice 1.

EL AUTOR

David F. Vennells, nacido en Inglaterra, graduado en ciencias, es practicante y maestro de reiki. Experimentó esta técnica por primera vez después de sufrir durante cuatro años el síndrome de fatiga crónica (SFC).

ÍNDICE

Aunque la tierra y el hombre desaparecieran
al igual que los soles y los universos
y Tú quedaras solo,
cada existencia permanecería en Ti.

Emily Brontë

INTRODUCCIÓN

Escribir este libro ha sido una experiencia especial, una gran alegría y un verdadero privilegio. El reiki ha tocado mi vida de muchas formas, y me ha dado tanto que es difícil expresar con palabras lo agradecido que estoy.

Hay muchos libros disponibles sobre reiki, y sin duda habrá aún más. Puede ser bastante confuso para el principiante y el practicante experimentado ver la esencia del reiki por medio de toda esta información, así que es importante recordar que se trata básicamente de una técnica experimental simple y agradable. La clave del éxito del reiki radica en realizar prácticas simples, aprender de otros practicantes, de libros, y principalmente de nuestra propia experiencia.

Desde que el reiki llegó a Occidente, procedente de Japón, se ha diluido el conocimiento de sus raíces en la tradición budista. Esto está cambiando rápidamente a medida que aprendemos más acerca de la vida del doctor Mikao Usui, el fundador del reiki, y de la manera como se practica hoy esta técnica en Japón, donde originalmente él la enseñó. Lo anterior no debe preocupar a los practicantes de reiki que no son budistas; definitivamente no necesitamos serlo para practicarlo, ni tampoco para beneficiarnos de las enseñanzas de Buda. Las enseñanzas están abiertas para todos.

Parece que actualmente muchos practicantes buscan un marco espiritual auténtico, un contexto en el cual puedan profundizar su entendimiento y experiencia del reiki. Yo me interesé por el budismo poco después de convertirme en practicante de reiki, y encontré que las dos disciplinas son complementarias. Al practicar la fusión del budismo y el reiki mejoró mi calidad de vida enormemente, honrando aun mis raíces cristianas.

La motivación para escribir este libro se originó a partir del deseo de compartir la buena salud, la sensación de realización personal, y la apreciación más profunda de la vida que la práctica del reiki y el budismo me han proporcionado. También pensé que una guía simple acerca del reiki desde una perspectiva budista, podría ayudar a que los practicantes —tradicionales y no tradicionales— obtengan conocimientos nuevos y más claros en su propia práctica del reiki y el camino hacia el crecimiento personal. Espero que este libro sea útil y le permita clarificar, entender y profundizar su propia experiencia con esta valiosa técnica, para que sea más íntegro, saludable y feliz en la vida.

PREFACIO:
LA HISTORIA DEL AUTOR

Una mañana antes de sentarme a escribir, sucedió algo que parecía muy simbólico respecto a mis primeras experiencias con el poder curativo del reiki.

En el reborde de la ventana de nuestra cocina hay una planta casera en plena floración, tiene unas cuarenta o cincuenta hermosas flores blancas sobre tallos rodeados por hojas verdes que crecen de un ciclamen central. Había olvidado regarla por algún tiempo y noté que todas las flores y hojas se habían caído dejando ver el bulbo. Éste parecía carecer de vitalidad y obviamente estaba perdiendo la voluntad de vivir. Inmediatamente le puse agua, le di un poco de reiki, y esperé lo mejor.

Cuando retorné a la cocina treinta minutos después, me sorprendí al descubrir que casi se había recuperado completamente. Las flores y hojas se reanimaron y de nuevo buscaron la luz. Se podía también ver un brillo de fuerza vital rodeándola. El cambio fue notable y maravilloso; permanecí ahí unos cuantos minutos admirando esta asombrosa transformación natural.

La simplicidad y el poder de aquello me tocaron de tal forma que me hicieron recordar mis primeras experiencias con el reiki. En realidad fue como una clave en mi mente que me reveló y recordó la magia de esos primeros meses. Desde entonces me han sucedido eventos maravillosos.

Hacia una verdadera graduación

Mi vida había sido bastante normal hasta pasados mis veinte años. Desde que me inicié en el reiki, empecé a recordar mi primera infancia, tocado con una sensación de libertad, alegría y protección amorosa que las emociones y sensaciones de mi vida posterior parecían disimular con un vago sentido de soledad y aislamiento. Al mirar hacia atrás ahora, el mundo exterior no parecía tener intención, entendimiento, o sistema de apoyo para estimular el potencial de la infancia. Tal vez esta soledad tenía un propósito o aspecto positivo; quizá me ayudó a desarrollar una conciencia interior, aunque a menudo autoindulgente, especialmente durante la adolescencia.

Después de dejar la escuela trabajé unos años como agrimensor aprendiz. Cuando cumplí veinte años, salí de casa y fui a la universidad a estudiar en busca de un grado en Administración de Empresas. Durante mi segundo año de estudios una serie de eventos opresivos que incluían el fin de una relación de mucho tiempo, la pérdida de un amigo cercano, la enfermedad de otro amigo, el estar a punto de ahogarme y el desarrollo de mi enfermedad, hicieron que dejara la universidad y regresara a casa, donde mis padres se dedicaron a cuidarme. Había desarrollado el síndrome posviral (también conocido como síndrome de la fatiga crónica, SFC) después de un ataque de fiebre glandular. No podía hacer ninguna de las labores básicas de la casa, como cocinar, limpiar o lavar. Estaba tan débil que incluso me era imposible sostener las manos sobre mi cabeza para lavarme el cabello.

Durante los siguientes cuatro años pasé la mayor parte del tiempo acostado o en silla de ruedas. Sufrí ataques de depresión clínica en esta época de mi vida, y experimenté otros desastres menores: un grave accidente automovilístico, una experiencia en la que casi pierdo la vida, la muerte de una mascota muy querida, y un robo en nuestra casa. Llegué al punto de esperar problemas y tristezas como una parte normal de mi vida.

Es difícil explicar el dolor que a menudo sufrí y que afectó a mi familia durante esos años. Sin embargo, hubo algunos momentos raros y valiosos. Tal vez los tiempos difíciles nos liberan de lo que realmente no necesitamos, abriendo nuestra mente y agudizando nuestra conciencia. Sólo puedo decir que hubo ventanas en la oscuridad de donde surgieron posibilidades de algo dentro de mí mismo más allá del sufrimiento; algo tan profundo, claro y puro, que las simples palabras no pueden expresar.

Al recordar estos tiempos difíciles y sintiéndome ahora tan bien y contento, parece como si tuviera una vida diferente. Aunque no recomendaría una enfermedad como una forma de autoentendimiento, me siento muy afortunado de haber experimentado esas dificultades, y haber sacado provecho de ellas siendo ahora un poco más sabio, fuerte y consciente.

A finales de otro desesperado invierno, justo antes de la primavera de 1993, un curador espiritual me habló acerca del reiki y de un maestro americano que daría una charla sobre este sistema de sanación. Aunque había probado muchas terapias complementarias que me ayudaron a aliviar algunos síntomas, ninguna había mejorado mi calidad de vida significativamente. No estaba muy motivado para probar una nueva terapia. En realidad creo que sólo fui a la conferencia debido al entusiasmo de mi amigo.

Desde el momento en que me senté con las demás personas esperando escuchar al maestro de reiki, sentí que algo bueno iba a suceder. Había algo más, algo en el fondo, detrás de la agradable charla y las caras sonrientes, una fuerza positiva que se me hacía familiar. En ese tiempo podía sólo describirla como una presencia protectora y amorosa, recordé también que la sentí durante mi primera infancia.

En cuanto el maestro se presentó, pienso que sólo podría describir ese momento como un "cambio" o "movimiento interior". Sin embargo, me parece que tal vez fue el comienzo de una conexión interna más profunda que la presencia que percibí primero, antes de que la charla empezara. El resto de la noche fue maravilloso. Era fascinante escuchar la historia de Mikao Usui, el fundador del reiki, y asombroso sentir el reiki por primera vez. La totalidad de mis dolores y tensiones se alejaron; quedó un aire de salud y felicidad.

Todos en la casa estaban muy alegres y perplejos de cómo me veía. Al día siguiente esta sensación había desaparecido parcialmente pero me había dejado con la esperanza de que algo podría ayudarme de alguna forma. Así que me alisté para el curso de primer grado de reiki que se realizaría el siguiente fin de semana, y esperé estar bien para asistir.

En los días que siguieron tenía mis dudas acerca del reiki, no quería decepcionarme otra vez, pero siempre recordaba que si no lo intentaba podría perder algo especial. Incluso antes de que el curso empezara, parecía que algo ya había mejorado, como si una pequeña llama hubiera sido encendida dentro de mí, atrayéndome hacia el reiki.

Llegó el fin de semana para el curso de primer grado, y aunque no me sentía bien, estaba decidido a no fallar. Cuando empezó la sesión ya me estaba sintiendo un poco mejor. Experimenté una gran revelación, fue un fin de semana que transformó mi vida. Había una atmósfera especial de optimismo y amistad entre el grupo. Se crearon muchas amistades y se compartieron experiencias extraordinarias. La presencia profundamente amorosa que había sentido en la charla introductoria, parecía rodearnos a cada uno de nosotros, y mi conexión con ella se afianzó durante los dos días del curso. Las sesiones era tan profundas y fuertes que el reiki parecía tomar forma física: como una agradable niebla o lluvia de luz que ayudaba a liberarme de todas mis tensiones y enfermedades físicas y mentales.

Durante el curso sentí ondas de una paz profunda. Cuando esto sucedía cerraba los ojos, me relajaba y dejaba ir todas mis tensiones internas que parecían disiparse fácilmente mientras estas ondas curativas pasaban sobre mí. A veces sentía como si mi cuerpo fuera más liviano y flotara en esta sensación de paz profunda y protección. Una de las cosas más notables fue que percibía estas experiencias perfectamente normales y naturales, como si ya estuviera acostumbrado a ellas.

El aspecto más significativo de todo el curso fue sentir realmente la energía reiki salir de mis propias manos después del primer "ajuste" en la primera sesión, y también durante mi primer autotratamiento. Al haber sentido los efectos del reiki previamente, sabía que si podía practicar este sistema regularmente, mi condición mejoraría de manera definitiva. Antes de sentir el reiki fluir de mis propias manos creía que tal vez no podría canalizarlo como otros lo hacían. Ésta es una preocupación común (y completamente infundada) entre los practicantes nuevos.

La primera sesión de práctica fue muy especial, estaba emocionado y traté de calmarme. Pensé que si tenía alguna tensión el reiki no entraría en mi sistema de energía. Tan pronto como apagaron las luces cerré los ojos y sentí mi cuerpo automáticamente relajado. Toda la tensión se disipó, estaba sosegado y tenía un poco de sueño. Aunque el toque del maestro fue muy leve, por unos momentos mi cuerpo se sintió como si fuera empujado hacia el piso desde arriba. Mientras el maestro continuaba con la sesión, parecía que mi sistema de energía se abría de la cabeza hasta el centro de mi cuerpo, como si tuviera un gran tubo vacío desde la coronilla hasta el chakra base. Este tubo se llenaba con lo que podía describir como "energía ligera", y desaparecían las fuertes tensiones, dejándome feliz y completo, en un estado en el que permanecí por algún tiempo. Cuando el maestro tocó mis manos sentí cómo esta energía aumentaba.

Al término de la sesión compartimos nuestras experiencias, todas fueron completamente diferentes. Luego el maestro nos mostró cómo sentir la energía entre las manos. Éste fue para mí un momento maravilloso. Después de todo lo que habíamos pasado mi familia y yo, durante aquellos momentos en los que tenía que depender de los demás, finalmente podía ayudarme a mí mismo, de nuevo me sentí humano.

Luego realizamos un primer autotratamiento, el cual fue una experiencia personal muy saludable y tranquila. Al igual que el inicio de una nueva relación, cada uno de nosotros empezó a conocer el reiki personalmente en lugar de escuchar a otros hablar de él, o recibirlo a través de otras personas.

También fue grandioso sentir fluir el reiki cuando realicé mi primer tratamiento en otras personas, y oír después lo que habían experimentado. Aún me asombro de sentir casi a diario la presencia del reiki, y ocasionalmente me pregunto si estará presente cuando coloco mis manos sobre alguien. ¡Siempre está ahí! Cuando recuerdo cuánta ayuda he recibido, y continúo recibiéndola diariamente, me siento especialmente bendecido.

Después del curso de primer grado, estaba lo suficientemente fuerte para tomar unas vacaciones, así que me quedé en la casa de unos amigos en Kent durante unas semanas, mientras ellos se encontraban ausentes. Mi salud siguió mejorando, y después de un mes podía cuidarme yo mismo —algo que no había logrado en años—. Fue como nacer de nuevo. La sensación de libertad, las posibilidades de planear un futuro, y disfrutar placeres simples como caminar, cocinar o nadar, fueron cosas asombrosas para mí. El solo hecho de que mi salud mejoraba era algo maravilloso.

Sin embargo, la continua experiencia del reiki era aún más especial. Parecía como si con cada autotratamiento alguna parte preciada de mi propio ser estuviera retornando; algo que tal vez había estado buscando consciente y subconscientemente desde mi niñez, pero siempre en los lugares equivocados. La experiencia del reiki, como un camino hacia la salud interna y externa, y un proceso de abrir el corazón y la mente hacia mi propio ser, ha permanecido conmigo y se ha profundizado con el tiempo.

Cuando salí de Kent y volví a casa, pensé en la posibilidad del segundo grado de reiki, aunque no tenía suficiente dinero para pagar el curso en esos momentos. Nuestro maestro nos había enseñado a fijar un objetivo usando el reiki, y confié en que si era el momento adecuado el dinero llegaría. Efectivamente eso sucedió.

Seis meses después de tomar el curso de primer grado de reiki, comencé el de segundo grado. Me habían hablado un poco de qué esperar acerca del uso de símbolos, pero realmente fue una revelación maravillosa recibirlos y aprender cómo tener un papel más activo y responsable en mi experiencia con el reiki.

Como en el primer grado, sentí haber alcanzado algo realmente valioso. Aunque los cursos de reiki son muy cortos para completar la sensación de éxito y realización, fue mucho más grande que cualquier cosa experimentada en todos mis años de estudiar y realizar exámenes en la escuela, la preparatoria o la universidad. Pienso que ello se debió a que recibir el reiki fue realmente significativo para mí como individuo. De alguna forma los cuatro años de enfermedad se habían disipado para recibir el reiki, como pasar otro grado en el curso de la vida, el reiki fue mi verdadera graduación.

Descubrir mi camino espiritual

Poco después de iniciarme en el reiki, me encontré con un amigo que también era nuevo en este sistema. Los dos nos interesamos mucho por el budismo, y finalmente decidimos vivir en un centro residencial budista para ver si se adecuaba a nosotros. Descubrir el reiki y el budismo juntos fue una experiencia maravillosa. Compartimos muchos momentos especiales y aprendimos mucho acerca de nosotros mismos, del reiki y de Buda.

El budismo dio una explicación a las experiencias que había recibido a través del reiki. Cada vez era más difícil ver dónde finalizaba el reiki y empezaba el budismo, y viceversa. Cuando el reiki llegó a Occidente atrajo a muchas personas de diferentes culturas y religiones, por ello perdió mucho de su historia budista, esto es, la verdadera versión japonesa de la historia de Mikao Usui. El conocimiento de esta historia no es necesario para usar el reiki efectivamente, pero encontré que el saber las enseñanzas convencionales de Buda enriqueció de manera notable mi entendimiento personal y el uso del reiki.

Aprendí dos cosas importantes: lo que realmente es el reiki, y la mejor forma de usarlo con efectividad. No creo que algún otro camino espiritual explique esto con la misma claridad, lo cual no quiere decir que el budismo sea mejor que otras religiones, o que un budista sea un mejor practicante de reiki. Las enseñanzas de todas las grandes religiones tienen muchas similitudes; de hecho algunos cristianos, musulmanes o judíos son mejores budistas que algunos seguidores de Buda, y viceversa. Todo depende del individuo y su relación consigo mismo y con Dios, Buda, Alá o lo que la persona crea. El budismo funciona muy bien con el reiki debido a que es el "hogar" del reiki, es el contexto espiritual en el cual el reiki llegó al mundo como lo conocemos hoy. Usted no necesita ser budista para practicar reiki eficazmente, o beneficiarse de las enseñanzas de Buda. Cualquiera que sea su camino espiritual, o de crecimiento personal, el reiki puede enriquecerlo y hacer que usted logre acercarse más a su máximo potencial como ser humano.

Después de tomar el segundo grado de reiki, mi salud continuó mejorando hasta el punto de poder trabajar por mi propia cuenta, y vivir sin el apoyo físico o financiero de mis padres. Sin embargo, creo que es importante mencionar que poco después de convertirme en maestro de reiki, en noviembre de 1995, tuve otro ataque de SFC. Me tomó algún tiempo entender por qué había sucedido esta recaída, pues esperaba que mi salud siguiera mejorando siendo ya un maestro. En realidad recibimos lo que necesitamos de la vida, no lo que queremos. De hecho fue una experiencia muy dolorosa estar enfermo de nuevo y me hizo ver más detalladamente mi propósito en la vida. Tal vez estaba tratando de controlar las cosas demasiado, tratando de ordenar y moldear la vida para adaptarla a mí.

Aprender a desarrollar el valor es una parte importante cuando vivimos como practicantes de reiki. No creo que podamos contener o controlar el reiki más de lo que podemos contener o controlar el poder de la naturaleza. Hasta cierto punto hemos aprendido a respetar el hecho de que si realmente queremos beneficiarnos del reiki, debemos tratar de dejar atrás la parte egocéntrica que todos tenemos. Luego el reiki puede empezar a generar lo mejor de nosotros, y ayudarnos para aprender a aceptar las cosas, para adaptarnos y enfrentar los cambios y desafíos que trae la vida.

El hecho de permitir ser guiados, movidos, y no tratar de manipular la vida para nuestro propio beneficio, es de suma importancia para vivir exitosamente. La honestidad y el valor guían a la sabiduría y la fortaleza interior. Reducir nuestro egoísmo y desarrollar compasión por los demás nos conduce a la mayor felicidad.

Convertirme en un maestro fue inicialmente una experiencia moderada, no lo que habría querido o esperado si hubiera sido mi elección. Lo que he aprendido de esta experiencia ha ayudado de tal manera a mi propio entendimiento del reiki, que ahora puedo ver claramente lo valiosa que es. Desde que me recuperé del ataque de SFC, la alegría de ser parte del proceso de dar a conocer a otras personas el reiki era superior a cualquier desilusión o malestar temporal. Ver qué tanto se benefician otras personas con el reiki ha sido maravilloso. Ser parte de ese proceso de aprendizaje es siempre una experiencia poderosa y saludable.

A veces el reiki es presentado como una "luz prometedora de la Nueva Era", tal vez como una respuesta a todos nuestros problemas. Sé que a veces soy culpable de esto. Sólo puedo decir con mi corta experiencia que el reiki no puede ser una panacea para algunas personas. De hecho, en algunos casos puede parecer que el reiki realmente hace la vida más difícil mientras el practicante encuentra las partes de sí mismo que necesitan ser reconocidas. A veces el reiki muestra nuestro reflejo muy claramente, como un espejo interior, y esto con frecuencia no es lo que nos gustaría ver. Aunque todos poseemos un potencial infinito, no somos seres perfectos, y pretender serlo puede impedir que experimentemos el gran poder de la honestidad.

Puedo decir que el reiki siempre me ha proporcionado las condiciones óptimas para conocer y desarrollar mi propio potencial. Sin embargo esto no siempre ha sido obvio cuando he enfrentado una situación difícil que normalmente habría evitado o tratado de una forma que me beneficiara sólo a mí. Si usted puede ver el reiki como una herramienta de ayuda para el crecimiento personal o el desarrollo espiritual, en lugar de centrarse en sí mismo, entonces está sobre el camino que finalmente le revelará la naturaleza de este sistema, como algo inseparable de su interior.

Mi primera experiencia al curar a otras personas fue muy simple y rápida. Un maestro budista amigo mío dio una charla pública sobre los beneficios de la meditación en un grupo comunitario local. Fue una noche muy especial, y las personas que estaban presentes escucharon atentamente la historia de Buda: cómo sus enseñanzas llegaron a Occidente, y qué tan importantes son hoy. El maestro dirigió una meditación simple sobre el desarrollo de la compasión, y después de una larga sesión de preguntas y repuestas, todos se quedaron a charlar y tomar una taza de té.

Una amiga a la que le había enseñado reiki me presentó a una mujer que había visto esa noche. Ella tenía dificultad para caminar y sentarse, y parecía tener problemas en la cadera. Conversamos un rato y me pareció apropiado ofrecerle reiki. Así que fuimos a la parte trasera de la habitación, un lugar más tranquilo, y coloqué mis manos sobre la parte inferior de su espalda mientras continuábamos hablando acerca de este sistema de curación. Después de unos diez minutos, terminé y me decepcioné al ver que ella no se sentía diferente. Le mencioné que a menudo la sanación sigue después del tratamiento, y que podría sentir alivio al día siguiente.

Cerca de una semana después me encontré con la amiga que me había presentado a la mujer con problemas de espalda. Estaba muy emocionada al decirme que esta mujer había despertado el siguiente día sin dolores; y podía caminar de manera normal por primera vez en años.

Generalmente una curación como ésta puede tomar semanas o meses, y a veces el paciente tiene que aprender reiki para poder lograr un alivio continuo. Si todas las condiciones son adecuadas, nada detendrá una curación completa con sólo un poco de reiki y optimismo.

El regalo de una amiga

Fue mi amiga Connie quien me presentó a la mujer con problemas en la espalda. La había conocido en un encuentro de meditación grupal tres años atrás; ella no era budista, no creía en Dios, y no tenía interés en asuntos espirituales. Asistió al encuentro sólo para disfrutar la compañía, la paz y la relajación que había ganado con las meditaciones.

Cuando me encontré por primera vez con Connie, iniciaba su sexta década de vida, y había sufrido de cáncer durante cinco o seis años, tiempo en el cual ya había sobrevivido a la esperanza de vida sugerida por su doctor. Ella era una persona enérgica, con los pies sobre la tierra, buena y cálida, y había atravesado muchos tiempos difíciles. La mayoría de personas a su alrededor a menudo olvidaban que estaba enferma, y ella tampoco mencionaba el tema a menos que otros se beneficiaran de alguna forma al escuchar su historia.

Encontré en Connie una persona muy fácil de tratar, rara vez veía un lado menos atractivo en su naturaleza. La manera pacífica y valerosa en que ella afrontaba su enfermedad me causó una gran impresión.

Enseñé a Connie y a algunos de sus amigos el primer y segundo grado de reiki, esperando cerca de tres meses entre cada curso. Connie nos invitaba a usar su casa para tratamientos, lo cual era perfecto. Tenía incluso una mesa de comedor de la misma forma y medida de la cama de reiki para terapias. Estas sesiones de enseñanza fueron muy especiales para mí, ya que fueron las primeras después de convertirme en maestro de reiki. Aprendí mucho en poco tiempo, cometí algunos errores y reí muchas veces.

Para mí fue una experiencia significativa aprender el primer grado de reiki y sentir esta energía fluir a través de mis manos por primera vez. Sin embargo, esto fue más que traer dicha energía y ver las reacciones de otras personas mientras sentían el reiki en el primer autotratamiento. Connie disfrutaba aún más el recibir reiki de los demás, parecía absorberlo como una esponja.

Vi a Connie frecuentemente durante algunos meses después del curso de segundo grado, y siempre parecía estar bien; pero después de un tiempo perdimos contacto durante un año. Hablé con ella en el verano de 1997, aún se encontraba bien. Después, a comienzos del invierno de 1997, un amigo me telefoneó para decirme que Connie estaba muy enferma a causa de un resurgimiento repentino del cáncer, que había avanzado rápidamente. Fui a verla al día siguiente, y era obvio que se encontraba muy mal. Su hijo me informó que en el hospital sugerían que pasara sus últimas semanas en casa al lado de su familia.

Realicé en Connie tratamientos constantes de reiki durante las tres semanas anteriores a su muerte. Sin el reiki no podría haber visto morir un amigo de esa forma. Siempre me sentí fuerte y apoyado durante estas visitas, y me siento bien al haberla ayudado de alguna forma. Esperaba con placer verla en cada una de nuestras sesiones de reiki. Cuando ayudamos a curar a los demás, estamos curando una parte de nosotros mismos. Entre más grave es la enfermedad, más profunda es la autocuración experimentada.

De hecho así fue el caso de Connie; juntos nos beneficiamos enormemente, y en ocasiones era difícil ver quién estaba realmente dando la curación y quién la recibía. Connie siempre decía que esperaba con gusto las sesiones, pues le brindaban una gran relajación, y a medida que se desarrollaban mejoraba su fortaleza mental. Ella solía caer en un profundo sueño, y yo nunca he estado tan intensamente estimulado por el poder, la presencia, y el amor del reiki, como durante todos aquellos momentos.

Antes de morir, Connie recibió una afinación avanzada de reiki. Ésta no fue mi intención, o la de ella —simplemente sucedió—. Aunque el maestro usualmente juega un papel más activo en el proceso de afinación, esto no sucedió en el caso de Connie. Estaba muy relajada; coloqué mis manos sobre su cabeza, y la atmósfera en la habitación cambió y se llenó con la energía de afinación y los símbolos pertinentes del reiki. Empecé a sentir mucho calor antes de la sesión, luego, para mi sorpresa y deleite ambos parecíamos encendernos como focos. Fue una experiencia muy especial para los dos. Tres días después Connie murió. Aunque extraño a Connie aprendí a tomar la muerte como parte de la vida ya que me ayudó a apoyarla. Cuando ella moría, había personas a su alrededor que sentían pena y dolor. Sin embargo, encontré que debido a que el reiki me apoyó grandemente y me ayudó a tener una perspectiva más amplia de las cosas, además del placer experimentado en las sesiones, realmente fue agradable estar con ella y ser parte de su transición. Si aprendemos a aceptar la muerte de la misma manera que el nacimiento, ésta sería menos dolorosa. Esto es especialmente útil para la persona que está muriendo. Una muerte pacífica es un gran regalo.

Desde una perspectiva budista, aunque no podamos detener el flujo de un karma negativo que causa el desarrollo de una enfermedad, podemos hacer mucho para transformar las situaciones en algo muy especial para la vida, incluso de cara a la muerte. Desde luego creo que el tratamiento de Connie fue un éxito, ya que el verdadero éxito es simplemente el mayor beneficio, cualquiera que sea en una situación particular. Puede ser una curación completa, aprender a vivir más positiva y creativamente con las limitaciones que impone una enfermedad, o aceptar y transformar la muerte en algo "positivo".

Algo más que debo agradecer a Connie es su aporte en este libro. La experiencia de enseñarle reiki a ella y a sus amigos me permitió darme cuenta de que hay mucho para aprender en sólo un fin de semana, especialmente si se es completamente nuevo en técnicas de autocuración. Así que al seguir mi propia experiencia enseñando reiki, decidí escribir un manual que pudiera ser utilizado por las personas después de los cursos para dirigirse a él cuando fuera necesario. También pensé que mucho de lo que estaba aprendiendo del budismo sería muy relevante para los practicantes de cualquier nivel de reiki.

Aunque dar reiki es algo muy simple de hacer, cuando un tratamiento es exitoso siempre siento una gran realización, y de nuevo pienso que es debido a que compartir este sistema es algo significativo y único. Aún me asombró de la efectividad del reiki. Las dos historias mencionadas muestran lo diferente que pueden ser los tratamientos, y cómo la inteligencia curativa natural del reiki es completamente flexible y se adapta a las necesidades del paciente, sin que el practicante del sistema tenga que comprometerse demasiado si no es necesario. Cuando se requiere un tratamiento largo, el reiki parece apoyar y guiar tanto a quien recibe el tratamiento como a quien lo ofrece, de tal forma que cualquier relación que se desarrolle sea clara y sana.

Vivir con el reiki es como desarrollar una amistad. Como todas las buenas relaciones que pasan la prueba del tiempo, es un proceso continuo de aprendizaje. Al igual que muchos practicantes, tuve inicialmente un periodo de luna de miel de unas cuantas semanas. Luego, cuando gradualmente regresé a la tierra, empecé a entender que practicar este sistema no sería fácil o perfecto a menos que estuviera preparado para aprender el "funcionamiento del reiki". Esto es, la manera de usar el reiki de forma equilibrada y ajustada al vivir diario, sin egoísmo alguno, brindando siempre el mayor bien para sí mismo y los demás.

Estoy descubriendo poco a poco este principio mediante la experiencia diaria y el estudio de las enseñanzas de Buda. El reiki no siempre me ha dado lo que quiero, pero sí lo que necesito —a menudo dos cosas diferentes—. La sabiduría para entender esto, la paciencia para aceptarlo, y el deseo de seguir este camino, son aún para mí la parte inicial de un proceso.

Si usted puede abrirse a la posibilidad de milagros, y sin embargo vivir de forma realista, creativa y positivamente dentro de sus limitaciones actuales, tendrá muchas experiencias maravillosas y desarrollará cualidades especiales y duraderas. Con un poco de sabiduría y buena voluntad, el reiki puede guiarlo gradualmente por el camino hacia su propio centro, el centro de todas las cosas.

LA ESENCIA
DEL REIKI

Reiki es el nombre de un sencillo pero profundo sistema de curación natural para el cuerpo y la mente, que fue desarrollado por el doctor Mikao Usui, quien vivió en Japón en el siglo XIX. En chino *rei* significa "universal"; y *ki*, o *chi*, significa energía vital. Muchas personas consideran también el reiki como un camino hacia el crecimiento personal y espiritual.

Aunque la mayoría de las personas no pueden ver el *chi*, la física moderna nos dice que más allá del nivel de las partículas de materia más pequeñas, existe energía por todas partes, en el aire que respiramos, en la comida, en el agua y en la luz del sol. Incluso los objetos inanimados poseen una baja o lenta frecuencia de energía.

La base de la vida

La energía vital es la base de la vida, una especie de alimento cósmico que apoya, nutre y sostiene el ciclo de nacimiento, vida y muerte de todas las cosas vivientes. Cuando hacemos contacto con esta energía a través de la oración, la meditación, o el reiki, nos sentimos cada vez más completos dentro de nosotros mismos y dentro de toda la creación. Experimentamos una sensación de unidad, somos más conscientes de nuestro lugar y papel en el gran sistema de cosas, y al mismo tiempo nos sentimos apoyados, seguros, abiertos y confiados en nuestras habilidades para ser todo lo que somos, sin duda o excusa. Podemos decir que estas experiencias personales o espirituales son la esencia del reiki, a diferencia de la forma, que son los métodos físicos y mentales para usar y compartir el reiki.

Del budismo y otras tradiciones espirituales orientales, entendemos que hay dos tipos principales de energía vital, esto es, interna y externa. La fuerza vital interna es la sutil energía que existe dentro de plantas, flores, árboles, rocas, minerales, cristales, etcétera, y es a menudo aprovechada para propósitos curativos como en los remedios y esencias florales, curación con cristales, y remedios herbales y homeopáticos. Incluso una simple caminata en el campo puede tener un efecto curativo y calmante, pues hay mucha energía vital externa disponible que estimula nuestras propias energías internas. Esta energía natural tiene un efecto correspondiente en el cuerpo y la mente. A la inversa, si pasamos demasiado tiempo en áreas urbanizadas o ambientes estresantes donde estas energías naturales son restringidas, las consecuencias para la salud pueden ser adversas, especialmente si no podemos trascender o superar mentalmente estas situaciones.

La energía vital interna avanza a través de caminos o meridianos en el cuerpo humano. Cuando estos caminos son bloqueados o desbalanceados, por ejemplo debido al estrés, puede originarse una enfermedad. La mayoría de las terapias complementarias que buscan ayudar al cuerpo y la mente reequilibran y limpian estas energías internas, promoviendo de este modo salud y bienestar. Ésta es también la manera en que trabaja el reiki como técnica curativa.

Hay muchos niveles de energía vital interna y externa en el universo. Sobre un nivel determinado el reiki puede ser visto como la forma más pura de energía externa, y puede tener un profundo efecto sobre nuestra salud al equilibrar, limpiar y renovar nuestro sistema energético interno. Cuando el reiki entra en contacto con energía vital interna que está inactiva, bloqueada o desbalanceada, la disuelve, transmuta y aumenta su calidad naturalmente y sin ningún esfuerzo, hasta el nivel más sano permitido por el cuerpo, la mente y el ambiente.

Una energía consciente

Cuando la energía vital interna y externa están en armonía poseen un nivel similar de pureza, y existen en la misma frecuencia o longitud de onda; son energías muy parecidas. La única diferencia es que la fuerza vital interna tiene conciencia o mente, y no puede existir separada de ella.

Debido a la estrecha relación entre la conciencia y la fuerza vital interna, es fácil creer que la sensación de compañía o cercanía que sentimos con los árboles, cristales, la tierra, u otras fuentes de energía externa, es a causa de que poseen un carácter personal o mente. La energía vital externa no tiene conciencia o mente. Sin embargo, esto no hace que los objetos "vivientes" que la contienen sean menos especiales o sagrados.

Las energías internas y la mente son inseparables, y tienen una muy estrecha relación de dependencia. En realidad, aunque generalmente no lo observamos, nuestros pensamientos y sentimientos "viajan" sobre nuestras energías internas. Si poseemos energía interna positiva de buena calidad, tal vez estimulada con reiki, es más fácil desarrollar estados mentales positivos, atraer experiencias buenas en la vida, y solucionar mejor los problemas. De la misma forma, si conscientemente tratamos de desarrollar estados mentales positivos (como confianza, bondad y sabiduría), esto aumentará la calidad de nuestras energías internas, mejorando así nuestra salud y otros aspectos de la vida. Con una buena motivación el reiki puede ayudarnos mucho a mejorar nuestra calidad de vida, haciéndonos personas más saludables y completas en todos los niveles, beneficiando de este modo a quienes nos rodean.

Hawayo Takata, quien es considerada por algunos practicantes occidentales como el tercer gran maestro de reiki, lo explicó de la siguiente forma en un artículo de periódico en Hawái en 1970: "Aquí está el gran espacio que nos rodea, el universo. Hay energía inacabable, es universal; su fuente es el creador. Es una fuerza ilimitada. Es la fuente de energía que hace que las plantas crezcan y las aves vuelen. Cuando un ser humano tiene dolor o problemas, puede utilizarla. Es una fuente externa, una longitud de onda de gran poder, que puede revitalizar y restaurar la armonía. Es naturaleza; es Dios. El poder que él hace disponible para sus hijos".

Más que sólo energía

Muchos practicantes de esta técnica, religiosos y no religiosos, han observado su vida espiritual renovada, como si el reiki tuviera la habilidad de guiar a las personas, si lo desean, hacia un entendimiento más profundo de su propia espiritualidad o potencial para crecimiento personal.

De este modo parecería que hay muchas facetas del reiki, que no sólo es una energía. En realidad, esto sugiere que el reiki posee sabiduría y compasión, o que es una expresión de un nivel de conciencia cuya esencia es precisamente sabiduría y compasión. Si sabemos que la conciencia viaja sobre la fuerza vital interna, entonces podemos ver el reiki como la energía interna universal de la más pura, abierta, avanzada y expandida forma de conciencia.

El reiki sólo puede aparecer ante nosotros como una energía externa a causa de nuestra falta de conocimiento profundo y nuestra conciencia limitada.

Viento puro de una tierra pura

Muchos textos budistas se refieren a la energía vital como "viento sutil", y ésta es una buena descripción de cómo muchas personas experimentan el reiki. Así que podríamos referirnos al reiki como un viento sutil o una bendición que viene de un lugar especial, tal vez viento puro de una tierra pura. "Tierra pura" es la frase budista para cielo: una manifestación externa de la mente iluminada.

Como seres limitados vivimos en un mundo de dualidades conceptuales en conflicto: bien y mal, luz y oscuridad, interno y externo, tener y no tener. La esencia del reiki parece trascender e ir más allá de la dualidad de un mundo interno o externo hacia una totalidad equilibrada, una unidad, donde no hay límites de identidad o barreras entre uno y otro. Por último, el reiki es inexpresable o indescriptible, es sólo experimental, es amor ilimitado, sabiduría, belleza y perfección.

El despertado

Muchas tradiciones espirituales honran la idea de "iluminación total". Efectivamente, la palabra "Buda" significa "el despertado". La mente iluminada es omnisciente, penetra todo el espacio y el tiempo, y percibe la verdadera naturaleza de todos los fenómenos directa y simultáneamente. Es la síntesis de lo más grande, es paz, alegría, amor, compasión y sabiduría.

El principal propósito de Buda es prevenir o aliviar el sufrimiento, y llevar a todos los seres vivientes al mismo estado de conciencia completa o totalidad, si eso es lo que desean. Muchos seguidores de otras religiones también equipararían estas ideas con su propia percepción o experiencia de Dios. Luego tal vez el reiki como técnica curativa es simplemente una expresión o emanación de bondad amorosa: una forma de bendición, habilitación, y conexión a una fuente superior que está cerca a nuestra propia naturaleza, y que tiene nuestras mejores intenciones en el corazón.

Confinar el reiki a una definición conveniente es difícil, y tiene sólo un valor limitado. Cuando lo experimentamos parece venir de una parte externa. No es importante si creemos que proviene de un creador, o es un reflejo de nuestra propia naturaleza superior o potencial máximo. No hay sistemas o dogmas ligados al reiki; es enseñado y practicado en casi todos los países del mundo. Su inteligencia pacífica y curativa se extiende más allá de los límites religiosos, culturales y políticos. El reiki es un fenómeno experimental, únicamente personal, aunque completamente universal.

Un camino, pero no el único

El reiki se adapta perfectamente a cualquier estilo de vida material, mental, emocional y espiritual; nos da exactamente lo que necesitamos como individuos, ayudándonos a desarrollar cualidades, talentos y ambiciones de una manera que nos acerca a nuestro potencial ilimitado y nuestra naturaleza interior, el lazo que compartimos con todos los seres vivientes. Cualquier explicación de lo que el reiki es o puede hacer es solamente rasgar la superficie.

La verdadera esencia de este sistema va más allá de conceptos, palabras e ideas. Sin embargo, necesitamos palabras e ideas para enseñar, comunicar y compartir el reiki. En este sentido, la clase tradicional, como es enseñada por maestros de reiki desde la época del doctor Usui, es una importante puerta a la esencia. Debemos discutir y compartir nuestras experiencias con el reiki para aclarar sus significados, asimilar e integrar este conocimiento dentro de nuestro ser, y de este modo seguir adelante y enriquecer el diario vivir. Así que también necesitamos ideas conceptuales y lenguaje para poder abrir la mente y el corazón, y de manera gradual aprender nuestras lecciones. Para algunas personas el reiki es simplemente una útil técnica de curación. Para otros puede ser un complemento para su camino espiritual, o en sí mismo un camino hacia el crecimiento personal y espiritual. De acuerdo con la forma en que visualizamos el mundo, cada uno de nosotros tendrá experiencias y opiniones diferentes acerca del reiki. Sin embargo, todos compartimos el mismo deseo básico de ser felices, y la misma oportunidad de beneficiarnos del reiki. Todos llevamos interiormente la habilidad para curarnos y curar a los demás. Algunas personas pueden tener acceso a esta cualidad a través de la oración o la meditación. El reiki no es esencial para desarrollar una habilidad curativa, o avanzar a lo largo de un camino espiritual, pero puede ayudar mucho.

LA HISTORIA
DEL REIKI

En muchas escrituras religiosas antiguas se mencionan sistemas de curación similares al reiki. Sin embargo, podemos asegurar que los orígenes de esta técnica van mucho más allá de la historia registrada. Mientras grandes culturas se extinguían, también se perdían sus conocimientos sobre sistemas de curación, o eran diluidos o absorbidos por otras tradiciones. Cada vez que ha habido la gran necesidad de un sistema curativo simple y efectivo para el cuerpo, la mente y el espíritu, el reiki ha surgido de una forma u otra.

Desde que llegó el reiki a Occidente por primera vez, proveniente de Japón, la "historia" tradicional de este sistema se ha convertido en una parte apreciada e integral de la práctica y enseñanza de muchos maestros. Casi todos los practicantes de reiki han conocido esta historia, y hasta el momento nadie ha cuestionado su autenticidad. La mayoría de maestros occidentales remontan su linaje hasta Hawayo Takata. Ella es reconocida por muchos en Occidente como la tercera gran maestra de reiki, y como se verá más adelante, la persona que llevó el reiki fuera de Japón. En algún punto durante esta transición fue adaptada la historia original del reiki, probablemente con buenas intenciones, para que fuera más admisible, o tal vez más fácilmente entendida por los occidentales.

Cuando esta historia fue contada por primera vez en Occidente, habría parecido muy extraña, o tal vez casi pagana, sin el aspecto cristiano que puede haber sido introducido por Hawayo Takata y su maestro, el doctor Chujiro Hayashi. Además, el Estados Unidos de la posguerra no habría estado receptiva a los japoneses, y por consiguiente tampoco aceptarían una técnica curativa japonesa no cristiana. Quienquiera que haya decidido hacer esto por cualquier razón, concibió una sabia y valerosa idea. Debe haberse dado cuenta que un día, tal vez en el momento adecuado, la historia más exacta sería ampliamente conocida, y para ese tiempo la historia adaptada habría cumplido su propósito de hacer el reiki más aceptable y de este modo más extendido. Si observamos el objetivo principal del reiki, que es aliviar el sufrimiento y mejorar la calidad de vida, entonces lo mejor es que se beneficien de él la mayor cantidad de personas posible. En este sentido, adaptar la historia original puede haber sido una decisión sabia que ahora ha cumplido su propósito.

Los practicantes de reiki occidentales nos encontramos en una transición hacia un entendimiento más claro de nuestras raíces. Algunos maestros han trabajado duro en los últimos años para descubrir una historia del reiki más precisa. Esta investigación muestra una versión fascinante, más completa y clara, de los eventos que rodearon la vida de Mikao Usui, y la manera en que se enseña actualmente el reiki en Japón, como él originalmente lo enseñó.

En este capítulo veremos tanto la historia occidental tradicional, como la versión más concisa de la más reciente investigación. Parece que información nueva acerca de Mikao Usui y el "reiki japonés" sale constantemente a la luz, y es probable que esta tendencia continúe por algún tiempo. Si usted desea conocer esta información tan pronto como esté disponible, necesitará tener acceso a internet. Hay excelentes artículos sobre muchos aspectos del reiki en internet.

Figura 2.1 Doctor Mikao Usui, fundador del reiki.
(Foto usada con el permiso de Phyllis Leí Furumoto)

Hay muchos aspectos de la historia tradicional del reiki que no son reconocidos o verificados en Japón. Sin embargo, esta historia es aún una parte relevante y única de nuestra herencia y cultura del reiki. En esencia es muy cercana a la versión original japonesa, y tiene una energía especial cuando es contada en una conferencia pública o durante una clase de primer grado de reiki. Rodea de cerca al corazón del reiki, comunica muchos conocimientos valiosos para la práctica y el entendimiento de este sistema. Por esta razón puede superar la prueba del tiempo además de la información nueva recibida de Japón.

La historia tradicional

No hace mucho tiempo vivió un hombre que tenía una pregunta inquietante: "¿Cómo curaba Jesús?" ¿Los que seguían un camino espiritual similar al de Jesús podían curar como él lo hacía? De acuerdo con esto Jesús había dicho: "Puedes hacer todas las cosas que he hecho, e incluso cosas mejores". La historia de esta búsqueda ha sido transmitida de maestro a estudiante en su forma original desde que el reiki fue enseñado por primera vez. Un entendimiento personal de la parábola moderna, que contiene muchas lecciones acerca de la naturaleza humana, siempre ha sido resaltado como una parte básica para la práctica exitosa del reiki que conocemos hoy día.

El doctor Mikao Usui nació en 1864 en Japón, y fue criado por misioneros cristianos. Mientras la mayoría de niños japoneses eran educados bajo las religiones tradicionales, sintoísmo y budismo, Mikao Usui estudió la Biblia y las historias y enseñanzas de Jesús. Después de dejar la escuela y elegir el estudio de la religión, se convirtió en profesor de teología, y finalmente fue nombrado pastor de una escuela de niños cristianos.

Una mañana, mientras conducía un servicio de capilla, recibió preguntas sobre sus creencias por parte de los niños de mayor edad. Le preguntaron si creía en los milagros bíblicos que Jesús había realizado. Él contestó que sí. Luego le pidieron que demostrará su fe desarrollando un milagro. Quedó estupefacto, y le pareció increíble que una pregunta tan simple repercutiera tanto en su fe. Profundamente afectado por este incidente, sintió que no podía continuar enseñando honestamente la vida y el ejemplo de Jesús. Decidió renunciar para dedicar el resto de su vida a profundizar su fe y descubrir cómo podían ser realizados tales milagros de curación. Muy por dentro sabía que si su fe era verdadera podría recibir el don de la curación y ayudar a que otros hicieran lo mismo. También era consciente de que si no atendía este llamado se lamentaría profundamente tiempo después.

La búsqueda de Cristo

El cristianismo no era una religión extendida en Japón, así que el doctor Usui emigró a Estados Unidos, donde pasó muchos años estudiando las escrituras cristianas más detalladamente. Sondeó sus inquietudes con muchos eruditos y miembros de la Iglesia. Muchas veces se desanimaba por las respuestas que recibía, y a menudo se sentía lejos de encontrar la verdad. Sin embargo desarrolló su conciencia interior, y empezó a confiar menos en aquellos que le ofrecían respuestas, y más en su propia y cada vez más profunda relación con Dios, además de su sabiduría natural intuitiva. Durante su búsqueda experimentó muchas coincidencias y frecuentemente se sintió guiado —y a veces casi empujado— a situaciones que le daban claves y señales para la siguiente etapa de su viaje. Estos sucesos (tales como encuentros casuales con otras personas con caminos espirituales similares y el respectivo conocimiento que le daban) lo motivaron, profundizaron su fe, y le permitieron confiar en que "sabía" dónde continuar.

El doctor Usui también estudió los escritos y las enseñanzas de otros famosos maestros espirituales y místicos, no exclusivamente de la tradición cristiana. Pensó que esto complementaría y enriquecería su propia fe y entendimiento del camino espiritual, y su búsqueda por el don de la curación. A menudo estudiaba las enseñanzas de Buda y sus discípulos así como sus trabajos curativos, los cuales le parecían muy similares a los de Jesús y sus seguidores. Mientras descubría más similitudes entre el budismo y el cristianismo, gradualmente se dio cuenta dentro de sí mismo que las respuestas finales a sus preguntas podrían encontrarse mucho más cerca.

Después de siete años en Estados Unidos, el doctor Usui retornó a Kyoto, Japón, para estudiar a profundidad los sutras budistas, y los registros de la vida y las enseñanzas de Buda. Visitó muchos centros budistas, sin embargo encontró que los monjes y las monjas de esta religión, al igual que los misioneros cristianos, principalmente enseñaban y estimulaban el crecimiento espiritual, y la práctica de curar era considerada una distracción para dicho crecimiento. El propósito primordial de la misión era ayudar a las personas a alcanzar la felicidad interior a pesar de problemas externos como enfermedades y pobreza, que tarde o temprano no podrían evitar. La curación se dejaba para las prácticas de medicina convencional y complementaria.

Descubrir a Buda

Durante sus estudios y viajes por todo Japón, el doctor Usui encontró un abad (sacerdote de alto rango en los monasterios budistas) que tendría un profundo efecto sobre él y su viaje espiritual. El abad invitó al doctor Usui a vivir y estudiar en su monasterio, él aceptó y permaneció ahí varios años. El ambiente claro y tranquilo del monasterio le brindó el espacio perfecto para valorar el trabajo que había hecho en Estados Unidos, y durante su estancia se convenció cada vez más de que el único lugar donde encontraría la habilidad para curar era dentro de sí mismo.

El abad fue una gran inspiración para él, y pasaron muchas horas discutiendo su progreso y cómo alcanzar sus objetivos. La amistad entre los dos creció y Usui llegó a reconocer al abad como un grande pero humilde hombre con una fuente ilimitada de sabiduría y compasión. El abad se convirtió en el guía espiritual del doctor Usui a lo largo del camino interior hacia la fuente de su propio ser. La misma curación de Usui o el florecimiento de su conciencia lo llevarían a alcanzar el don de curar.

Estudiar los *sutras*

El doctor Usui estudió y meditó las escrituras budistas o *sutras* en japonés, chino y sánscrito (uno de los más antiguos y sublimes lenguajes espirituales, que el mismo Buda Shakyamuni habló y enseñó hace más de 2000 años). En los antiguos textos sánscritos descubrió los símbolos que lo guiarían, por medio de la oración y la meditación, hacia las técnicas de curación que estaba buscando. Al principio no sabía qué hacer exactamente con los símbolos, o de qué manera usarlos como herramientas para curar.

Mientras sus estudios avanzaban, encontraba pasajes en los *sutras* que parecían "hablarle", él los leía y meditaba frecuentemente en sus enseñanzas, que cada vez adquirían un significado más profundo. A menudo discutía sus ideas con los otros monjes y con el abad, tratando siempre de ahondar en su conocimiento. Esta dedicación constante le permitió revelar y expandir su conciencia, de tal forma que pudo ganar un entendimiento claro de la naturaleza de la mente, y de cómo ésta, además de tener el poder de crear enfermedades físicas, emocionales y mentales, podía también curarlas. Se hizo aún más consciente del sufrimiento de los demás, y esta empatía le dio una mayor determinación a sus esfuerzos.

Retiro a la montaña

El doctor Usui sabía que había estudiado todo lo que podía, y que las respuestas que buscaba estaban finalmente a su alcance. Se dirigió a una montaña budista sagrada cercana a Kyoto, la cual tenía un nivel de energía vital especialmente puro. En este lugar ayunó y meditó durante tres semanas, eliminando así los obstáculos restantes dentro de su mente, y abriéndose completamente a cualquier cosa que pudiera recibir. Previamente le dijo al abad que si no regresaba después de veintiún días, deberían ir por sus restos para enterrarlos. Estaba tan enfocado en su misión, y motivado por el deseo de ayudar a los demás, que no pretendía volver sin una respuesta a sus inquietudes.

Caminando las diecisiete millas hacia la montaña, encontró un lugar tranquilo al lado de un arroyo. Su intención era sólo tomar agua durante su retiro, pues sabía por experiencia que le daría más claridad y poder a sus meditaciones. Llevó consigo veintiún piedras, y cada día lanzaba una para marcar el paso del tiempo. Meditó acerca de las lecciones que había aprendido en el monasterio bajo la conducción del abad. Su concentración fue muy fuerte y estable, y sus energías internas tan claras, que pudo con facilidad manifestar y experimentar continuamente la pureza de la luz interior. Cuando este alto nivel de conciencia está purificado por completo, se convierte en la mente omnisciente de un Buda; tal vez desde otra perspectiva podría decirse que crea una completa unión con Dios o la conciencia de Cristo.

Un final y un comienzo

Una mañana el doctor Usui se dio cuenta que sólo restaba una piedra. Era el día final de su retiro. Meditó en la oscuridad que precedía la primera luz del amanecer, y experimentó una mezcla de emociones y recuerdos de su vida; sabía que su búsqueda estaba finalizando, y que pronto terminaría su vida o le sería dado el don de la curación para compartirlo con los demás. Tenía una fe firme y completa devoción, había hecho todo lo que podía, y sabía que se encontraba en un punto de no retorno.

A través de la oscuridad vio una luz sobre el horizonte donde esperaba la salida del sol. Esta luz se hizo cada vez más luminosa, y parecía moverse hacia él rápidamente. Usui se dio cuenta que si no se movía sería golpeado por ella. Estaba decidido a relajarse y a dejar que esta experiencia sucediera. Permaneció en el mismo lugar, sabiendo que esto sería un fin y un comienzo. La luz golpeó su frente, y perdió el conocimiento.

Conciencia clara

Cuando el doctor Usui despertó ya era mediodía. Recordaba todo lo que había sucedido. Después de que la luz lo golpeó fue rodeado por colores hermosos y sensaciones agradables, seguidos por una gran luz que llenaba todo el espacio —la naturaleza de sabiduría, compasión y felicidad. Dentro de esta luz aparecieron grandes burbujas transparentes, cada una contenía los símbolos sánscritos que había encontrado en los textos budistas. A medida que memorizaba el contenido de una burbuja, ésta se alejaba y aparecía la siguiente. El cuerpo, el habla, la mente de Usui fueron dotados con la energía y la simbología del reiki, y de este modo entendió el significado completo de cada símbolo.

Este conocimiento surgió de manera espontánea, era casi como si el dador y el recibidor fueran de la misma naturaleza. Parecía haber sólo olvidado temporalmente esta verdad interior, y ahora la recordaba desde lo más profundo de su ser. Luego decidió llamar a este conocimiento reiki, o energía vital universal.

Cuatro milagros del Reiki

La emoción del doctor Usui fue muy profunda, se sentía privilegiado por lo que había sucedido. Quiso regresar rápidamente al monasterio para compartir sus experiencias con el abad, quien lo había ayudado tanto en su búsqueda.

En su afán por regresar lo más pronto posible al monasterio y contarle su descubrimiento al abad, el doctor Usui se tropezó

contra una roca y se lastimó el pie. Como su dedo sangraba dolo-
rosamente, se sentó y sostuvo el pie con sus manos. La herida sanó
instantáneamente. Éste fue el primer milagro curativo del reiki.

En su viaje de regreso se detuvo en un café ubicado al borde
de la vía, y ordenó una gran comida. Al comienzo el cocinero se re-
husó a servirle, observando que el doctor acababa de terminar un
largo ayuno, y afirmando que tal cantidad de alimento lo enferma-
ría. Pero el doctor Usui insistió y posteriormente no sintió ningún
efecto adverso. Éste fue el segundo milagro del reiki. La comida
fue llevada por la nieta del cocinero, quien padecía un gran dolor
a causa de un diente infectado. El doctor Usui preguntó si podía
tocar el área inflamada, y luego de hacerlo se detuvo el dolor y la
hinchazón desapareció inmediatamente. Éste fue el tercer milagro
curativo. El doctor Usui sentía un gran regocijo y continuó su viaje
al monasterio para compartir las buenas noticias.

En el monasterio, los monjes le dijeron que el abad se encontraba en su habitación enfermo de artritis. Usui se bañó y se vistió
con ropa limpia para visitarlo. El abad se alegró mucho al verlo y
al oír acerca de su descubrimiento y le pidió una demostración, la
cual inmediatamente alivió su dolores. Discutieron cómo el doctor
Usui podría usar su don de curación, y quiénes serían las personas
más necesitadas del reiki.

El doctor Usui decidió vivir en los barrios bajos de Kyoto,
donde podría ofrecer su ayuda a pobres y desamparados. Luego,
en el momento apropiado, los ayudaría a encontrar trabajo y en-
viaría al monasterio a algunos de los más jóvenes, donde serían
entrenados por los monjes en habilidades útiles para ellos. El
abad apoyó mucho las intenciones del doctor Usui pero le recordó: "Debes sanar por completo a la persona, una curación temporal del cuerpo y la mente no es suficiente; todos deben buscar

sinceramente un cambio interior positivo y duradero, antes de que sea posible una curación permanente".

Una valiosa lección

El doctor Usui practicó y enseñó varios años el reiki en las áreas más pobres de Kyoto, y aunque con frecuencia se burlaban de su intención por ayudar, no abandonaba su labor, ya que muchas personas parecían beneficiarse del reiki. Sin embargo, después de algún tiempo empezó a observar a algunos de sus primeros estudiantes pidiendo de nuevo limosna en las calles; les preguntó por qué lo estaban haciendo. Ellos le respondieron que trabajar y ganarse la vida era mucho más duro que salir a pedir limosna cada día. Aunque habían podido ayudarse a sí mismos, carecían del esfuerzo o deseo de continuar mejorando o manteniendo la posición que habían alcanzado.

Al descubrir esto el doctor Usui se desanimó, abandonó su misión, y se retiró a meditar sobre lo que había sucedido. Pensó en los monjes y el énfasis que ellos daban a la disciplina moral; el autodesarrollo y la ética espiritual, y se dio cuenta de que esto era lo que faltaba en su ministerio con los mendigos. Parecía que el reiki los había ayudado a ver que era posible una forma de vida diferente, y había inicialmente ayudado a producir cambios positivos físicos y mentales. Sin embargo era débil el deseo de estas personas por mantener dichos cambios, o no estaba basado en una fuerte y constante intención de mejorar por sí mismos.

Por consiguiente disminuyó el ímpetu de la moralidad mejorada y las actitudes que habían alcanzado, y fueron atraídos de nuevo por el deseo de sus antiguos hábitos profundamente arraigados. Esto no era un juicio de cómo deberían haber vivido los mendigos, todos tenemos el derecho de decidir nuestro propio camino en la vida, y efectivamente muchos de esos primeros pacientes, que lo intentaron sinceramente, pudieron transformar sus vidas de manera permanente con la ayuda del reiki. De este modo el doctor Usui tenía que examinar completamente su proposición para compartir el reiki con otras personas, y después de meditar aún más, introdujo los cinco principios del reiki como parte de su práctica:

1. No se enoje hoy.
2. No se preocupe hoy.
3. Sea agradecido hoy.
4. Trabaje duro hoy (práctica meditativa).
5. Sea bueno con los demás hoy.

NOTA: éstos son los principios enseñados por muchos maestros de reiki occidentales, son muy similares a la versión japonesa, originalmente atribuida al emperador Meiji (1868-1912). En la inscripción conmemorativa del doctor Usui son llamados los cinco principios del emperador Meiji.

Una linterna en la oscuridad

El doctor Usui admitió que tenía que encontrar personas con un verdadero deseo de mejorar sus cualidades interiores además de su calidad de vida. Decidió viajar por todo Japón para enseñar reiki, lo hacía donde encontraba gente tratando de crear una mejor vida, y buscando una oportunidad para aprender y crecer.

Al llegar a una ciudad solía caminar durante el día llevando una linterna prendida. La gente se reía de él, y le preguntaban por qué lo hacía. Al ganar la atención de las personas decía: "Todo lo que veo es oscuridad, si desean aprender más acerca de su luz

interior deberían venir a mi charla y demostración esta noche".
Luego contaba la historia del reiki y realizaba curaciones; ésta fue
la forma en que muchas personas se unieron al reiki en Japón.

El reiki llega a Occidente

A mediados de los años veinte, el doctor Usui conoció al doctor
Chujiro Hayashi, un oficial naval reservista de 47 años. El doctor Hayashi había pasado la mayor parte de su vida laboral en las
fuerzas armadas, pero por mucho tiempo había mantenido interés
por el camino espiritual y las artes curativas. Hayashi debió impre-
sionarse por la pacífica pero poderosa presencia del doctor Usui, su
gran sabiduría y auténtica compasión. Después de practicar y experimentar el reiki por algún tiempo bajo la conducción del doctor
Usui, Hayashi decidió dedicar el resto de su vida a la práctica y la
enseñanza de esta técnica.

Se dice que el doctor Usui y el doctor Hayashi trabajaron
juntos para desarrollar la "forma efectiva del reiki", esto es, cómo
dar mejor los tratamientos, las doce posiciones de las manos, los
diferentes grados de entrenamiento y cómo enseñar el reiki. El
legado del doctor Hayashi es un sistema de curación que tiene
gran claridad, fuerza y simplicidad, y que nos permite mantener
la esencia de la intención del doctor Usui. Esta combinación de
esencia y forma crea una clara configuración de cómo practicar y
enseñar reiki, de tal manera que practicantes de futuras generaciones puedan experimentar la esencia de este sistema y practicar la
forma como fue dada a otros hace muchos años. El planeta entero
se beneficia a medida que más personas adoptan el reiki; niveles
más profundos y claros de conciencia y entendimiento surgen naturalmente en la mente de quienes buscan una solución a los problemas personales y globales, pero esta continuidad de curación

global sólo será posible si podemos mantener la forma del reiki cerca a la intención del doctor Usui.

Después de la muerte del doctor Usui se dice que el doctor Hayashi se convirtió en el segundo gran maestro de reiki. El doctor Usui fue enterrado en un templo cercano a Kyoto, con la historia de su vida escrita sobre una piedra conmemorativa (ver la traducción al final de este capítulo). Se dice que la tumba fue honrada por el emperador de Japón.

Una nueva era para el reiki

El doctor Hayashi dirigió una muy exitosa clínica de reiki en Tokio junto con otros practicantes hasta 1940. Durante este tiempo enseñaba y daba reiki a muchas personas, y mantenía registros detallados de todos sus casos. Hacia finales de los años treinta, Hayashi tuvo una serie de intuiciones respecto a la inminente Guerra Mundial, y cómo afectaría su vida y el futuro del reiki. Debido a su anterior servicio militar; no podía evitar ser llamado de nuevo a las filas. Incapaz de reconciliar su vida de curador con la posibilidad de hacer daño a otras personas, y entendiendo que la potencial guerra haría incierto el futuro del reiki en Japón, decidió otorgar el título de gran maestro a alguien que pudiera continuar su trabajo en otra parte. Eligió a Hawayo Takata como la tercer gran maestra de reiki. La señora Takata era una experimentada y respetada maestra de reiki que practicaba en Hawái, y hasta lo que sabemos, fue la primera persona que llevó esta técnica más allá de las costas de Japón —una decisión que simbolizaba la confianza depositada en ella por el doctor Hayashi.

En la parte final de su vida, el doctor Hayashi enseñó a la señora Takata todo lo que había aprendido del doctor Usui, y de su propia experiencia. El día de su muerte reunió a sus parientes cercanos, les dijo adiós, y los dejó con mensajes personales especiales. Se sentó en la postura japonesa tradicional, meditó, y oró durante un corto tiempo. Luego respiró profundamente y murió. El doctor Hayashi, al igual que su maestro Usui, fue un gran hombre. Juntos fueron responsables de la creación y expansión de uno de los más sencillos, profundos, y completos sistemas de curación que hemos conocido.

La historia de la señora Takata

Hawayo Takata nació en Hawái en 1900, era estadounidense de padres japoneses. Cuando tenía 29 años su esposo murió y ella quedó sin dinero para criar sus dos pequeñas hijas. A la edad de 35 años tuvo graves problemas de salud, había perdido mucho peso y estaba muy afligida por la muerte de varios miembros de su familia. En el otoño de 1935, después de haber llegado casi al fin de su resistencia, y siguiendo la oración y la búsqueda interior, tuvo una clara intuición de que la respuesta a sus problemas podía ser encontrada en Japón.

Desesperada, aunque confiada de que su intuición provenía de Dios, viajó a Tokio a ver un doctor amigo en un hospital. Después de muchas pruebas, se le informó que la única esperanza era la cirugía. Ella tuvo la clara intuición antes de la operación de que ésta no sería necesaria y que conocería otra forma de tratamiento. En la consternación de doctores y enfermeras rechazó la anestesia y abandonó su cama. Mientras salía del hospital le preguntó a su doctor amigo si conocía otro tratamiento, y él le mencionó la clínica de reiki del doctor Hayashi.

La señora Takata visitó al doctor Hayashi, a pesar de su inicial escepticismo respecto al reiki y su simple uso de las manos, decidió continuar tratamientos regulares con él. Para su sorpresa y agrado, su salud empezó a mejorar cada vez más hasta que cesaron todos sus problemas.

El reiki fuera de Japón

La vida de la señora Takata se había transformado tan completa y maravillosamente gracias al reiki, que ella en agradecimiento deseaba aprender la técnica para compartirla con otras personas. Preguntó al doctor Hayashi si le podía enseñar reiki para practicarlo en Hawái. Este sistema no había sido utilizado fuera de Japón, y el doctor Hayashi pudo haberse preguntado si permanecería fiel a la intención del doctor Usui cuando fuera interpretado por otra cultura.

Sin embargo debe haberse dado cuenta de que el reiki estaba destinado a extenderse fuera de Japón, así que aceptó la petición de la señora Takata, con la condición de que permaneciera en Japón como practicante aprendiz durante un año. A lo largo de su entrenamiento aprendió a tratarse a sí misma, a dar reiki a otras personas y a desarrollar una profunda relación personal con el reiki, para que con el tiempo necesitara menos ayuda del doctor Hayashi y adquiriera más confianza en su propia sabiduría, intuición y experiencia. El doctor Hayashi estaba muy satisfecho con el progreso de la señora Takata durante el periodo de aprendizaje, y justo antes de que ella regresara a Hawái, la inició en el segundo grado de reiki.

Convirtiéndose en maestra

Después de que la señora Takata desarrolló exitosamente la práctica del reiki en Hawái durante dos años, invitó al doctor Hayashi a que la visitara a principios de 1938. Hayashi estaba muy impresionado con lo que ella había alcanzado, y cómo había respetado y enfatizado el linaje y la tradición cultural del reiki. Durante esta visita la señora Takata fue iniciada como maestra de reiki.

Hayashi reconoció el entendimiento natural de la señora Takata y su empatía hacia el sufrimiento de los demás que se originó por las experiencias difíciles de su propia vida. Durante los años siguientes también reconoció su integridad profesional, honestidad y apreciación del valor y el potencial del reiki como técnica curativa y como herramienta para el crecimiento personal y espiritual. A menudo pensaba que Hawayo Takata sería la persona ideal para proteger y seguir el linaje del reiki.

En 1941, no mucho antes de su muerte, aunque le había enseñado a otros maestros, Hayashi decidió que debido a su completa dedicación y gran ejemplo del reiki "viviente", la señora Takata debería sucederlo como el tercer gran maestro. Después de la muerte del doctor Hayashi, ella continuó practicando y enseñando la técnica en Hawái durante muchos años. Fue a partir de sus setenta años, cuando se sintió segura de que sus estudiantes estaban listos para recibir, y ella y el reiki listos para dar, cuando comenzó a entrenar maestros de reiki.

La cuarta gran maestra de Occidente

Hawayo Takata murió el 11 de diciembre de 1980, después de haber enseñado a veintidós maestros en Estados Unidos y Canadá. Su nieta Phyllis Lei Furomoto se convirtió en la cuarta gran maestra de reiki, y aún sostiene este título. Cuando Phyllis era niña ayudaba a su abuela a dar tratamientos de reiki, por ello esta técnica se convirtió en parte de su vida diaria. En cierto sentido, este temprano vínculo con la señora Takata fue el comienzo de su viaje y aprendizaje para un día convertirse en gran maestra. A medida que se hacía mujer el reiki sólo era una presencia obvia en su vida, y llevó una vida personal y profesional como cualquiera. Aunque la señora Takata frecuentemente hablaba de su trabajo con el reiki, fue hasta que Phyllis tenía más de treinta años que consideró la petición de su abuela de viajar y practicar la técnica con ella.

La decisión de hacer esto fue un punto crucial en la vida de Phyllis. Pasaban mucho tiempo juntas como colegas, practicando y hablando y discutiendo acerca del reiki. A veces discrepaban en sus ideas sobre la vida y el trabajo con este sistema curativo. Esta relación y el respectivo proceso de aprendizaje mutuo continuaron incluso durante algún tiempo después de la muerte de la señora Takata, pues Phyllis sintió frecuentemente su fuerte y pacífica presencia. Sus diferencias y discusiones como maestras de reiki fueron una fuente de conocimiento y autodescubrimiento, y tal vez sirvieron para dar confianza a Phyllis en sus propias ideas en su camino a convertirse en una gran maestra.

Una comunidad mundial de reiki

El conocimiento global del reiki es transmitido oralmente gracias a las experiencias positivas de muchas personas, es un proceso de crecimiento natural. El deseo de la señora Takata era que el reiki fuera una técnica de curación conocida ampliamente alrededor del mundo, y a su vez respetada. El cumplimiento de su deseo ha reformado hasta cierto punto el papel de gran maestro. Actualmente los grandes maestros occidentales no son sólo testaferros espirituales con la responsabilidad de preservar el linaje, sino más bien guías que, por ejemplo, pueden estimular y permitir que practicantes individuales, grupos y la comunidad de reiki en general puedan encontrar, desarrollar y establecer sus propios procesos naturales de crecimiento y orden.

En años recientes, debido a que el reiki se ha hecho popular en todo el mundo, Phyllis ha compartido sus responsabilidades con Paul Mitchell. También estudiante de la señora Takata y conocido y respetado como maestro de reiki, Paul tiene mucha experiencia y habilidad natural para expresar y comunicar la "forma" del reiki tradicional desde una perspectiva occidental. Este mayor énfasis en la forma ha surgido en respuesta al número y la diversidad de personas y culturas que ahora practican este sistema, y a la posibilidad que con el tiempo, sin una forma, podemos de algún modo diluir o perder la habilidad para valorar, alcanzar y recibir la esencia del reiki.

Tal vez podemos ver el reiki como un árbol, las ramas representan la forma y la savia la esencia. Estos componentes tienen una dependencia mutua para su crecimiento continuo y saludable. Para mantener y proteger la habilidad de alcanzar el reiki, la forma simple nos da una guía (o marco) común sobre un nivel consciente que los maestros pueden transmitir a los estudiantes similarmente.

Phyllis y Paul se ayudan y complementan entre sí, viajando como un equipo y como individuos, compartiendo su conocimiento y ejemplo de vivir con el reiki y ayudar a establecer grupos de maestros capaces de comunicar la esencia y la forma de este sistema dentro de sus propias comunidades y culturas. Este proceso de conocimiento parece ser el mensaje que Phyllis y Paul están dando por medio de su trabajo.

Reiki japonés: un nuevo comienzo

Muchos aspectos de la historia tradicional del reiki han sido cuestionados, mientras que la nueva información acerca de sus orígenes, de acuerdo con la práctica japonesa, se ha convertido en aire fresco para los seguidores de este sistema alrededor del mundo. Parece que hemos abierto las ventanas para permitir que la energía entre y nos transporte a un nuevo nivel de conciencia. Tales cambios a menudo traen conflictos menores o diferencias de opinión, pero esto sólo puede ser positivo si recibimos abiertamente las nuevas ideas y el crecimiento interior.

El siguiente es un artículo realizado por Frank Arjava Petter, muy conocido por su trabajo de descubrir y presentar información concerniente a las raíces del reiki y su práctica actual en Japón. Los puntos de vista que él expresa nos ofrecen una perspectiva diferente y tal vez más clara acerca del linaje del reiki en Occidente.

Reiki: ¿quién está a cargo?
Por Frank Arjava Petter

He tenido la oportunidad de vivir en Japón y dar clases de reiki desde 1993. Con la ayuda de mi esposa japonesa, Chetna, y Shizuko Akimoto, un maestro de reiki japonés, he contactado a varias personas que aprendieron reiki gracias a las enseñanzas de los primeros estudiantes del doctor Usui, además de miembros de la familia de este gran maestro y los integrantes del Usui Shiki Ryoho de Tokio. Durante estos encuentros discutimos la historia del reiki y la manera como se practica en Japón. Por medio de la información que estas fuentes me ha proporcionado he aprendido muchas cosas interesantes acerca de esta valiosa técnica, que no se conocen aún en Occidente.

Durante muchos años hemos estado observando la historia del reiki desde un punto de vista occidental. Esta historia ha tenido algunas limitantes, y a causa de las barreras culturales e idiomáticas, no fueron verificadas muchas de las ideas de la versión occidental. La vida del doctor Usui, o Usui Senséi, como es llamado por sus seguidores en Japón, fue nublada por un carácter místico. Debido a esto ha surgido información errónea acerca de Usui Sénséi y su vida. Recientemente se ha originado de nuevo la pregunta de quién es el verdadero sucesor de Usui Sénséi, y por tal razón me gustaría aclarar las cosas.

Después de la muerte de Usui Sénséi, el 9 de marzo de 1926, el Usui Shiki Ryoho, que fundó y presidió, había tenido cinco presidentes secuenciales, los únicos y verdaderos sucesores de Mikao Usui. El primer sucesor fue el señor Ushida, quien tomó las responsabilidades después que Usui Sénséi murió. El segundo fue Iichi Taketomi, el tercero Yoshiharu Watanabe, el cuarto fue el señor Wanami, y actualmente está al mando la señora Kimiko Koyama.

El título de gran maestro no fue ni es usado en el Usui Shiki Ryoho, o Usui Kai como es llamado ahora. Por consiguiente este título nunca fue otorgado a Chujiro Hayashi, como actualmente se cree en Occidente. El único sucesor de Usui Sensei fue el señor Ushida, en 1926. Hayashi fue uno de los muchos discípulos respetados de Usui Sensei, pero no más ni menos que eso. En aquellos tiempos los discípulos como el señor Hayashi, a quienes el presidente les otorgaba el estatus de profesor, a menudo tenían sus propios pupilos.

Ésta es la razón por la que hay tantas corrientes diferentes de reiki fluyendo por todo Japón. Sin embargo, no hay cuestionamiento alguno sobre el actual liderazgo de Kimiko Koyama.

La verdad acerca del genuino sucesor de Usui Sénséi no fue conocida en Occidente por una razón bastante simple. Hace años escuchamos por el teléfono de un miembro del Usui Kai que no estaban interesados en el reiki de países extranjeros. Esta actitud explica por qué los registros nunca fueron oficializados como verdaderos. Los japoneses generalmente son más tolerantes, mucho más que los occidentales. Cuando llueve, llueve, y cuando brilla el sol, brilla el sol. Usualmente no tienen interés alguno por las cosas que suceden en el extranjero. Esto involucra la destrucción ambiental, las guerras internacionales, la política, y por supuesto el reiki, y las mentiras que circulan acerca de él. Se han cometido tantos abusos en nombre del reiki, que no es de sorprenderse que los miembros del Usui Kai guarden sus conocimientos para ellos.

Sin embargo, no soy japonés ni tengo carácter pasivo, pero me apasiona la verdad. Ésa es la razón por la que deseo dar la información anterior para todos ustedes. El reiki es energía pura, sin importar qué etiqueta se le ponga. No hay un reiki bueno o malo; la energía no tiene atributos morales y nunca puede ser apropiada por alguien. Es un derecho que obtenemos al nacer, y por consiguiente es libre como el viento.

En este espíritu de amor, luz y unidad, les deseo a todos lo mejor en su camino hacia la verdad, desde Japón con amor.

(Frank Arjava Petter es un maestro de reiki radicado en Japón; es el autor de *Reiki Fire*.)

¿Dónde seguir?

El artículo de Petter muestra una información nueva acerca de las raíces del reiki. Sus ideas y observaciones sirven para acentuar la pasión que muchos practicantes sienten con respecto al futuro del reiki, y para que conozcamos mejor la forma, el linaje y la pureza de la práctica. Información más clara acerca de la historia del reiki será invaluable para ajustarnos a las intenciones del doctor Usui y a la esencia de este sistema. Sin embargo, muchas de las respuestas a estas preguntas yacen con el practicante individualmente, pues a fin de cuentas son cambios personales y por consiguiente oportunidades para el crecimiento personal.

El siguiente artículo, realizado por la inglesa Mary Ellis, una maestra de reiki independiente, muestra esto de manera más detallada.

Integridad del reiki, ¿somos reiki?
Por Mary Ellis

La actual confusión y el fuego cruzado, en algunos casos que involucran pleitos entre maestros, han marcado un tiempo de profunda y a veces dolorosa reevaluación de mi propio aprendizaje y desarrollo por medio de la experiencia con el reiki.

Me encontré con este sistema en 1992. Fui a una charla introductoria, y durante la noche colocamos nuestras manos en el chakra del corazón, y fue como si hubiera llegado a casa. Sabía que sin importar lo que el reiki fuera, sería bueno para mí. Con un entendimiento intuitivo más profundo supe que esta técnica era todo lo que necesitábamos para curarnos a nosotros mismos y curar a los demás, permitiendo que el reiki fluya a través de nosotros.

El reiki es amor; más que la curación manual, externa y visible, es la esencia de un amor incondicional. Si pudiéramos encarnar este amor, darlo a los demás y a nosotros mismos, no habría necesidad del reiki o cualquier otro tipo de curación, pues no existirían las enfermedades, ni tampoco habría temor, ira, codicia, dolor, terror y desesperación, ya que el amor es la ausencia de todo eso.

Puedo recordar los pasos graduales de mi iluminación durante los pasados cinco años, el sutil y constante cambio de alguien que por temor solía empujar y en ocasiones intimidar a los demás para que se hiciera su voluntad. Estaba tan desesperada por obtener lo que creía que necesitaba para realizarme, ser feliz, y encontrar seguridad, paz y amor.

La polaridad de confusión es claridad. En la reunión de la Asociación de Reiki en 1994, Phyllis Lei Furomoto estaba muy consciente de que no deberíamos permitir que la confusión nos cegara ante la verdad del reiki. El reiki siempre está presente, sin importar quién realiza el tratamiento y quién lo recibe. No puede ser cuantificado y estructurado racionalmente; su sencillez define que sólo "existe", y cuando es dado para curación fluye de sí mismo en la cantidad apropiada de acuerdo con la necesidad. Cuando podamos hacer que un cambio en la conciencia permita que nuestro corazón armonice con nuestra divinidad, cuando nuestro ego se convierta en el servidor del alma, entonces el reiki será más poderoso. En realidad es enorme el potencial de esta energía para curar y hacer el bien, mucho mayor que nuestra limitada percepción.

La confusión nos fuerza a todos a observar nuestros corazones, a cuestionar nuestra integridad. Esta presente confusión tiene un propósito; como maestros y practicantes del reiki, es para nosotros un desafío personal y colectivo buscar claridad, para reconocer y ser nuestra propia verdad; ¿practicamos reiki o somos reiki?

Mientras la realidad se descubre, la tradición occidental del reiki tiene tres elecciones: ajustarse al linaje japonés, aferrarse a nuestra historia y linaje tradicional, o encontrar un punto medio que permita que estos dos aspectos crezcan gradualmente en un movimiento, reconociendo y valorando las similitudes y diferencias.

¿Necesitamos un gran maestro? Para quienes lo necesitan, tenemos uno muy bueno; pero igualmente está bien que algunos no lo requieran. De hecho muchas personas están de acuerdo en que Phyllis Furomoto es excelente en ese papel. Si queremos una historia del reiki precisa, y un conocimiento profundo de las intenciones originales del doctor Usui, entonces la traducción de la historia de la piedra conmemorativa es perfecta.

La inscripción sobre esta piedra fue escrita anónimamente por uno de los discípulos cercanos del doctor Usui. En una sección dice: "Incluso ahora, después de la muerte del doctor Usui, el reiki se extenderá hasta muy lejos durante un largo tiempo". Según esto debe haberse dado cuenta que algún día muchas personas leerían sus palabras acerca del doctor Usui y el reiki. Por consiguiente podemos asumir que escogió de manera cuidadosa sus palabras, y que efectivamente éstas son sinceras y precisas.

En la parte final de la inscripción el escritor dice: "Me pidieron que escribiera estas palabras para ayudar a mantener vivo el gran trabajo del doctor Usui". Esto nos da una indicación del poder de la inscripción y su relevancia para practicantes, y especialmente maestros de reiki. Leer constantemente esta inscripción, y meditar en su significado, puede ayudarnos a crear un vínculo cercano con el doctor Usui, y entender qué hace "exitoso" a un practicante o maestro de reiki.

La siguiente es la inscripción que se encuentra originalmente en la tumba del doctor Mikao Usui, fundador del reiki. La tumba se encuentra en el templo Saihoji, en el distrito de Tayotama en Tokio, Japón.

Inscripción conmemorativa al doctor Usui

Quien estudia duro (esto es, practica meditación) y trabaja asiduamente para mejorar el cuerpo y la mente, con el fin de convertirse en un mejor individuo, es llamado "un ser de gran espíritu". Las personas que usan el gran espíritu con un propósito social, esto es, para enseñar a muchas personas el camino correcto y hacer el bien común, son llamados "maestros". El doctor Usui fue uno de ellos. Él enseñó el reiki del universo (energía universal). Innumerables personas llegaron a él para ser curadas y aprender el camino del reiki.

El doctor Usui nació en el primer año del periodo Keio, llamado Keio Gunnen, el 15 de agosto de 1864. Su primer nombre era Mikao y el otro es pronunciado Gyoho (o Kyoho[1]). Su nacimiento fue en la aldea de Yago, en el barrio Yamagata de la prefectura Gifu. El nombre de su ancestro es Tsunetane Chiba.

El nombre de su padre era Uzaemon, y el de la familia de su madre era Kawaai. De lo que se conoce, era un estudiante talentoso y trabajador. Siendo adulto viajó a varios países occidentales y a China para estudiar. Trabajó arduamente, pero en cierto punto corrió con mala suerte. Sin embargo no renunció y se capacitó por sí mismo. Un día se dirigió al monte Kurama para ayunar y meditar en un retiro de veintiún días. Al final de este periodo sintió repentinamente la gran energía del reiki en la parte superior de su cabeza, lo que guio a este sistema curativo. Primero usó el reiki en sí mismo, luego lo ensayó en su familia. Debido a que funcionó bien en diversas enfermedades, decidió compartir su conocimiento con la gente. Él abrió una clínica en Harajuku, Aoyama, Tokio, en abril del undécimo año del periodo Taisho (1921). No sólo ofrecía tratamiento a innumerables pacientes, de los cuales algunos llegaban de muy lejos, también realizaba talleres en los que transmitía su conocimiento. En septiembre del duodécimo año del periodo Taisho (1923), el devastador terremoto de Kanto sacudió a Tokio. Como resultado de esta catástrofe

---

[1] El nombre del doctor Usui puede haber cambiado, pues era una antigua costumbre japonesa que el maestro diera un nuevo nombre a su estudiante para romper la continuidad con el pasado y comenzar de nuevo. A veces el estudiante mismo adoptaba otro nombre.

miles de personas murieron, quedaron heridas o se enfermaron. El doctor Usui lloró por su gente, pero también llevó el reiki a la devastada ciudad y usó sus poderes curativos en los sobrevivientes. Su clínica pronto se hizo pequeña para atender la multitud de pacientes, así que en febrero del año catorce del periodo Taisho (1924), construyó una nueva fuera de Toldo, en Nakano.

Su fama se extendió rápidamente por todo Japón, y se iniciaron las invitaciones a aldeas y ciudades distantes. Una vez fue a Kure, en otra ocasión visitó la prefectura de Hiroshima, y luego fue a la prefectura de Saga y a Fukuyama. Durante su estadía en esta última ciudad sufrió una fatal apoplejía, el 9 de marzo del año quince del periodo Taisho (1926). Tenía 62 años.

El doctor Usui tuvo una esposa llamada Sadako, cuyo nombre de soltera fue Suzuki. Tuvieron un hijo y una hija. El primero, Fuji Usui, tomó los negocios de la familia después de la muerte de su padre. El doctor Usui era un hombre muy cálido, sencillo y humilde. Era físicamente saludable y bien proporcionado. Nunca hacía alarde de sus logros y siempre tenía una sonrisa en la cara; también fue muy valiente en momentos de adversidad. Al mismo tiempo era una persona muy prudente. Tenía muchos talentos. Disfrutaba leer, y era extenso su conocimiento sobre medicina, psicología, adivinación y teología de religiones de todo el mundo. Este viejo hábito de estudiar y recoger información desde luego le ayudó a descubrir el camino hacia la perfección y el entendimiento del reiki. (Creo que esto se refiere a su experiencia en el monte Kurama). El reiki no sólo cura enfermedades, también mejora habilidades innatas, equilibra el espíritu, hace saludable el cuerpo, y de este modo ayuda a alcanzar la felicidad. Para que enseñe esto a los demás, usted debe seguir los cinco principios del emperador Meiji y cimentarlos en su corazón.

Deben ser expresados diariamente, una vez en la mañana y otra al anochecer:

1. No se enoje hoy.
2. No se preocupe hoy.
3. Sea agradecido hoy.
4. Trabaje duro hoy (práctica meditativa).
5. Sea bueno con los demás hoy.

El objetivo final es entender el antiguo método secreto para lograr felicidad (reiki), y de este modo descubrir una cura para muchas enfermedades. Si sigue estos principios llegará a tener la gran tranquilidad mental de los antiguos sabios. Para que empiece a diseminar el sistema reiki, es importante que su punto de partida sea un lugar cercano a usted (usted mismo), no comience desde algo distante como la filosofía o la lógica.

Siéntese tranquila y silenciosamente cada mañana y cada noche, con sus manos dobladas en el *Ghasso* o *Namaste*. Siga los grandes principios, y sea limpio y tranquilo. Trabaje sobre su corazón y haga cosas desde el calmado espacio dentro de usted. Cualquiera puede tener acceso al reiki, pues comienza en el interior de la persona. Los paradigmas filosóficos están cambiando el mundo. Si el reiki puede extenderse por todo el planeta, tocará el corazón humano y la moral de las sociedades. Será útil para muchos, y no sólo curará enfermedades, sino también la tierra como totalidad. Más de 2 000 personas aprendieron reiki a partir del doctor Usui. Otros lo recibieron de sus discípulos superiores, y extendieron aún más dicha técnica. Incluso ahora, después de la muerte del doctor Usui, el reiki se extenderá durante mucho tiempo. Es una bendición universal haber recibido este sistema y poder transmitirlo a los demás.

Muchos de los estudiantes del doctor Usui convergieron para construir este monumento conmemorativo aquí en el templo Saihoji, en el distrito de Toyotoma.

Se me pidió que escribiera estas palabras para ayudar a mantener vivo este gran trabajo. Aprecio profundamente su labor y me gustaría decirles a todos sus discípulos que estoy honrado por haber sido escogido para esta tarea.

Muchos podrán entender el gran servicio que brindó al mundo el doctor Usui. Su inscripción conmemorativa es reproducida con el amable permiso de sus autores: Frank Arjava Petter, autor de *Reiki Fire*, y su esposa, Chetna M. Kobayashi. La traducción original del japonés tradicional al contemporáneo fue hecha por Masano Kobayashi, madre de Chetna. Muchas gracias a ellos por su especial trabajo.

PRIMER GRADO
DE REIKI

Hay cuatro niveles de reiki: primero, segundo, avanzado y maestro. El primer grado enseña cómo usar la técnica para nosotros mismos, y cómo compartirla con los demás. Para muchas personas aprender el reiki es una experiencia muy personal. A veces los estudiantes experimentan cambios positivos repentinos en su vida a nivel físico, mental, emocional y espiritual, y en otras áreas como las relaciones personales, la carrera y los asuntos financieros. Para la mayoría de las personas es el comienzo de un poderoso proceso para mejorar la salud, el bienestar, el estilo de vida y el autoconocimiento. Muchos practicantes de reiki tienen recuerdos especiales de su curso de primer grado, y lo ven como el punto más crucial en sus vidas.

El reiki trabaja en armonía con el individuo y las vidas de los que lo rodean. Puede funcionar en forma dramática, o de manera sutil y discreta, esto es, los cambios que sufrimos y los beneficios que recibimos pueden tomar tiempo para manifestarse. Otras personas pueden observar estos cambios antes de que ocurran, ya que no siempre es fácil ver nuestra propia mente, pues estamos acostumbrados a mirar hacia "afuera" y no a nuestro interior. Desde luego, si usamos el reiki regularmente, con una buena motivación, experimentaremos cambios positivos continuos en nosotros mismos y en todos los aspectos de la vida. Las personas cercanas a nosotros también pueden obtener grandes beneficios, incluso sin recibir realmente tratamientos con este sistema.

Curar desde el interior

A veces podemos ser renuentes a abandonar viejos hábitos que parecen ser parte de nuestra identidad, y por ello el cambio puede considerarse inadecuado. Si no hemos tratado situaciones o sentimientos difíciles en el pasado, el reiki puede ayudarnos a experimentar un periodo de liberación emocional, seguido por una claridad renovada y la habilidad para poner el pasado en contexto con nuestro presente y futuro. Estos cambios son realmente favorables. Entre más confiemos en este proceso de crecimiento interior, más fácil y agradable será, y mayor será nuestra habilidad al usar el reiki para liberar patrones o comportamientos negativos, y adoptar hábitos más positivos.

Cambiar positivamente no tiene que ser doloroso o tomar mucho tiempo; de hecho el cambio está en la naturaleza de todos los fenómenos. Cada momento las cosas cambian; la vida es un ciclo constante de nacimiento, crecimiento, decadencia y muerte. Si podemos desarrollar la sabiduría para concebir esto, y liberar la necesidad de controlar la vida, nuestras mentes estarán más relajadas, tranquilas, abiertas, y listas para transformar situaciones difíciles en oportunidades para el crecimiento personal. Cuando realmente empecemos a ver cambios positivos en nosotros mismos —en lugar de ser víctimas de las circunstancias— nos convertiremos en parte de la solución y no del problema.

Encontrar un maestro de Reiki

Es importante encontrar un maestro de reiki con quien nos sintamos cómodos. La Asociación de Reiki y la Alianza de Reiki pueden proporcionar detalles sobre los miembros que son maestros de esta técnica; sin embargo estas organizaciones no otorgan ningún tipo de recomendación, y hay muchos practicantes y maestros excelentes que prefieren no ser parte de una asociación (vea más información en el apéndice 2). Alternativamente, muchos maestros de reiki anuncian sus cursos en revistas de salud, periódicos, y por medio de internet. Algunos maestros también dan conferencias y demostraciones donde el público tiene la oportunidad de escuchar la historia del doctor Usui, experimentar el reiki y hacer preguntas. Es buena idea que usted tenga una charla informal con diferentes maestros, cara a cara o por teléfono, antes de elegir el que considere apropiado.

Las iniciaciones del Reiki

El primer grado de reiki es usualmente enseñado en dos días o cuatro noches, y es muy fácil y agradable de aprender. El número de participantes puede variar de acuerdo con la preferencia y experiencia del maestro, usualmente oscila entre cinco y quince personas.

Durante el entrenamiento cada persona recibe cuatro iniciaciones, las cuales abren nuestros sutiles sistemas de energía físicos y mentales, y nos preparan para canalizar la energía vital universal. Este proceso también crea una conexión permanente, o puerta, para que la energía reiki esté continuamente presente en nuestra vida. Las iniciaciones son suaves, pacíficas y poderosas; toman sólo unos cuantos minutos por persona. Esto puede no parecer tiempo suficiente, pero la energía del grupo está presente en la habitación durante todo el proceso, así que hay mucho tiempo para recibir una profunda curación personal. El maestro explicará la manera como serán conducidas las iniciaciones, y muy suavemente tocará las manos, la cabeza y los hombros de los asistentes mientras usa los cuatro símbolos del reiki para activar y completar el proceso de iniciación. Después de las cuatro iniciaciones, el receptor está completamente habilitado, y el reiki es establecido dentro de su sistema de energía. Después el reiki siempre estará disponible, y podemos usarlo cuando queramos.

Las reacciones típicas durante y después de la iniciación son:

- Mayor energía.
- Paz interior y una sensación de calor dentro o alrededor del cuerpo.
- Una suave sensación de hormigueo, especialmente en las manos, las cuales pueden también sentirse calientes.
- Una sensación de energía fluyendo en el cuerpo y a su alrededor.
- Sentidos más claros.
- Menos estrés y problemas emocionales.
- Mejor salud física.
- Mayor habilidad para tratar positivamente situaciones difíciles.
- Una sensación de "llegar a casa" y de estar en contacto con "el flujo" de la vida.
- Experiencias espirituales más profundas, por ejemplo sentir auras, energía, colores, etcétera.
- Mayor claridad mental y sabiduría interior o intuitiva.
- Una sensación general de estar más íntegro, saludable y feliz; un sentido más completo del "ser".

Todos somos diferentes. Algunas personas pueden no sentir nada durante un tratamiento, lo cual es también normal. El reiki trabaja en la forma en que lo necesitamos como individuos. Los colores, las luces y las experiencias extraordinarias son algo muy bueno, pero no necesariamente se obtiene lo mejor del reiki. La práctica diaria constante y la experiencia personal a largo plazo son más importantes. El reiki nos beneficia profundamente con efectos duraderos.

El reiki fluye naturalmente

El reiki tiene un flujo natural. No tenemos que pensar en él, o meditar para que funcione. Con sólo colocar las manos sobre nuestro cuerpo, el reiki fluirá naturalmente donde más lo necesitemos. Realmente es muy simple. Como Hawayo Takata dijo alguna vez:

Con tus manos, el reiki funciona.
Sin ellas, el reiki se apaga.

Si olvidamos el reiki, o decidimos no usarlo por algún tiempo —incluso años— la energía seguirá trabajando para nosotros con sólo:

- Colocar las manos sobre nuestro cuerpo.
- Sobre alguien o algo más.
- Con una intención mental, esto es, dirigiendo el reiki mentalmente hacia un propósito específico diferente a la curación con las manos (esto será explicado detalladamente en el siguiente capítulo).

Responsabilidad con el reiki

A medida que usamos el reiki vamos descubriendo naturalmente formas más efectivas de emplearlo y beneficiarnos de él, mejorando así nuestras habilidades curativas. Sin embargo, esto no significa que seremos más poderosos. No es posible usar este sistema en forma controlada. La experiencia muestra que intenciones negativas o manipulativas producen malas relaciones, una calidad inferior de energía, y sólo resultados a corto plazo.

También podemos estar seguros que las cosas que hagamos en el mundo con nuestras acciones corporales, orales y mentales, se revertirán a nosotros tarde o temprano. Sin embargo, el reiki es muy condescendiente. Podemos aprender mucho de nuestros errores si tenemos un verdadero deseo de curarnos y ayudar a los demás. El reiki puede rodearnos, guiarnos y protegernos por el resto de nuestra vida, y ayudarnos a transformar los errores y las dificultades en lecciones significativas.

Equilibrio natural del chakra

Durante y después de las sesiones de primer grado, el reiki entra en nuestro cuerpo y mente a través del chakra corona, localizado en la parte superior de la cabeza, y luego a través de otros chakras principales y secundarios. Un chakra es un centro rotacional de energía vital interna, una unión donde se encuentran sutiles canales de energía, y donde ésta puede entrar y salir del cuerpo, o ser transformada en diferentes niveles. Tenemos siete chakras principales: la corona, el tercer ojo (frente), la garganta, el corazón, el plexo solar, el sacro (justo debajo del ombligo), y el chakra base.

Cada chakra posee una cualidad diferente de energía, y tiene funciones específicas relacionadas con el cuerpo y la mente. Varían en color y cualidad desde la base hacia arriba: rojo, naranja, amarillo, esmeralda, azul, violeta y dorado. La presencia del reiki tiene un efecto positivo sobre los chakras, estimula y apoya una creación y transformación más abierta, pura y eficiente de energía vital interna. Como se explicó anteriormente, esto ayuda a crear una sensación de bienestar, naturalidad y claridad mental. Hay muchos libros disponibles sobre la complejidad del sistema de energía humano y técnicas de curación y meditación relacionadas con éste. Tal conocimiento —aunque a menudo es útil— no es estrictamente necesario para la práctica exitosa del reiki.

Cuando damos reiki a nosotros mismos o a otras personas, lo recibimos a través del chakra corona, y fluye por el sistema de energía, por los brazos, y finalmente sale por los chakras palmares. El reiki también parece "envolver" al practicante, y a la persona que está tratando, con un aura de energía curativa que crea una atmósfera especial, protegiendo y estimulando el proceso de curación.

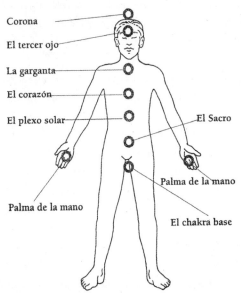

Figura 3.1 Puntos principales de los chakras en el cuerpo humano.

La energía de la tierra

También tenemos centros de energía, o chakras, sobre las plantas de los pies, lo cual permite un intercambio de energía con la tierra. Debemos tener en cuenta que aunque la tierra no tiene conciencia, como los seres vivientes, es una fuente vital de energía externa. La tierra tiene muchos canales y centros de energía que avanzan a través de ella en forma similar al sistema de energía de nuestros cuerpos.

Hay muchos centros sagrados y especiales donde las energías de la tierra se unen a la energía vital universal y otros ámbitos de existencia. Estos sitios de energía son a menudo marcados por círculos de piedra, construcciones religiosas, estatuas, árboles antiguos y otros monumentos. A veces no están marcados, y frecuentemente cambian de posición y cualidad con las estaciones; además pueden ser afectados por otras influencias, incluyendo carreteras o edificaciones nuevas.

Hay una importante relación recíproca de dar y recibir entre la tierra, nuestro sistema de energía y la energía vital universal. Podemos empezar a entender esta relación estudiando la vida de un árbol.

Los árboles necesitan la luz del sol, y buscan esta fuente con sus ramas y hojas. Energéticamente también extraen energía vital universal y energía externa del sol. Sus raíces avanzan dentro de la tierra y obtienen nutrientes, agua y la energía vital externa de la tierra. El crecimiento sano y continuo es logrado con este balance de intercambio energético. Es el perfecto camino medio hacia el crecimiento interior y exterior, un camino que muchos practicantes espirituales tratan de emular en sus propias vidas. El ser humano es un centro de energía similar a un árbol. Necesitamos un equilibrio de energía terrestre y energía vital universal para poder crecer en forma balanceada, en todos los niveles. Podemos tener la cabeza entre las nubes siempre que tengamos los pies sobre la tierra. Cuando recibimos el reiki, éste empieza a abrir el corazón y la mente conduciéndonos a nuestro propio centro. Debemos mantener los pies sobre la tierra para obtener lo máximo de nuestra práctica, y permanecer en contacto con el mundo real y las necesidades de los demás.

Si continuamos separados de esta relación tierra-cielo, cubriendo cada vez más la tierra con concreto, viviendo en áreas donde incluso no podemos verla, y sin estar conscientes de que somos parte de este intercambio de energía, entonces podemos esperar mala salud y estados mentales precarios. Dar reiki a la tierra a través de nuestros pies es una maravillosa forma de curar el planeta. Su energía no sólo beneficiará a todos los seres vivientes sobre la tierra, por medio del propio sistema energético del planeta, usted también recibirá un intercambio de "energía terrestre" que será una ayuda muy poderosa para su propio crecimiento espiritual. De nuevo, si podemos sacar un poco de tiempo para hacer esto regularmente, los resultados serán excelentes (vea "Meditación reiki", capítulo 9).

Preparación para el primer grado

Es común observar el comportamiento anterior en nuestra vida después de recibir reiki, y encontrar un patrón de eventos y experiencias que parecen habernos guiado a conocer esta técnica como el siguiente paso en nuestra evolución personal. Si tenemos interés en las ideas del karma, vale la pena considerar que nuestras acciones curando a otras personas en vidas pasadas, y motivando a los demás a que encuentren un camino espiritual, pueden haber abierto la puerta para que encontremos el reiki en esta vida. (Estas ideas son discutidas detalladamente en el capítulo 8.)

Para obtener el mayor beneficio de una iniciación con reiki es útil prepararse mental y físicamente de tres a siete días previos a la iniciación. Esto no es esencial, sólo hágalo si le parece conveniente para usted.

Pautas de preparación

Las siguientes pautas pueden ayudarle a crear las condiciones apropiadas para recibir más adecuadamente el reiki. El periodo de autotratamiento de treinta días, después del curso de entrenamiento, puede también ayudarnos a ganar lo mejor de las poderosas oportunidades curativas que provee la energía del reiki.

Las siguientes recomendaciones pueden ayudarlo a crear las condiciones perfectas para lograr una buena transición hacia el reiki. Los treinta días de autoentendimiento, después de tomar el curso, pueden también ayudarlo a obtener lo mejor de esta oportunidad para curar.

- Evite comer cualquier tipo de carne antes y durante las sesiones.
- No tome alcohol durante este tiempo.
- Evite fumar o abandone el hábito por completo, si puede.
- Trate de tomar mucha agua mineral o té herbal; evite las bebidas con cafeína.
- No coma chocolates, dulces, u otros alimentos refinados.
- Consuma sólo productos alimenticios frescos, y considere un corto ayuno con agua o jugo, siempre y cuando haya tenido esta experiencia.
- Reduzca el tiempo que pasa viendo televisión, y evite situaciones estresantes.
- Mantenga una mente tranquila, feliz y relajada.

- Pase tiempo solo en un lugar tranquilo; salga a caminar en lugares agradables.
- Ore o medite al menos veinte minutos cada día, o simplemente pase este tiempo en silencio o leyendo un texto espiritual.

Esencialmente reciba las sesiones con una mente abierta y relajada. La energía trabajará haya o no seguido las indicaciones anteriores, así que no se preocupe si no ha tenido tiempo suficiente para prepararse; sólo puede tomar un poco más tiempo recibir el efecto completo de la energía.

Ocasionalmente puede haber un periodo de limpieza del cuerpo y la mente, durante o poco después del curso de primer grado, y puede involucrar lo siguiente:

- Un corto malestar como gripe o catarro.
- Sudoración.
- Dolores de cabeza.
- Frecuentes ganas de orinar.
- Necesidad de dormir más.
- Deseo de tomar más líquido.
- Pérdida temporal o aumento del apetito.
- Otros problemas físicos menores.
- Algún tipo de liberación emocional, como llorar o reír.

Después de las iniciaciones debemos darnos un tratamiento completo de reiki todos los días durante un mes. También puede ser útil beber mucha agua o tés herbales, y comer de manera saludable. Como ya vimos, puede ocurrir una moderada desintoxicación, pero por lo general pasa rápidamente mientras el cuerpo continúa limpiándose y equilibrándose. Habrá ocasiones en que este proceso pueda tomar más tiempo, tal vez semanas o meses, especialmente si su salud ha sido precaria, o si ha tenido muchas experiencias difíciles en la vida.

Éste es un proceso muy positivo, necesario para limpiar y sanar completamente el sistema. A veces los síntomas de desintoxicación parecen empeorar en la medida en que se recibe más reiki; si esto sucede debe ser paciente, recuerde que es un proceso positivo que pasará con el tiempo. Trate de darse reiki menos tiempo, pero más a menudo; en lugar de un tratamiento completo una vez al día, haga dos de treinta minutos o tres de veinte minutos, y avance gradualmente hasta realizar un tratamiento total en una sesión. Si incluso esto es demasiado, haga lo que crea adecuado para usted, e incremente el tiempo cuando pueda.

Fatiga positiva

Cuando algunas personas han terminado su entrenamiento del primer grado, es muy común la sensación de cansancio o sueño durante días, y ocasionalmente semanas. Si éste es su caso, es una buena señal de que está empezando a aprender a relajarse completamente. Con frecuencia, la cantidad de estrés que portamos no es observado, mientras nos movemos de un lado a otro acumulando tensiones en nuestro sistema, hasta el punto de que nunca nos damos tiempo para ser lo que realmente somos.

Incluso podemos acumular y llevar el estrés con nosotros de una vida a otra, durante muchas vidas. Estas tensiones acumuladas actúan como una barrera contra la paz interior o el sentido de nuestra espiritualidad eterna. Practicar el reiki, la meditación, la oración, o la relajación profunda, es una forma de liberar gradualmente el estrés, limpiar el cuerpo y la mente, y reintroducirnos a nosotros mismos. Este proceso puede ocurrir muchas veces durante años de práctica del reiki, mientras limpiamos y liberamos niveles más profundos de estrés acumulado que puede haberse creado mucho tiempo atrás.

Aprender a abrirse y permitir que el estrés salga, a menudo en forma de patrones de pensamiento negativos, puede a veces ser desconcertante, ya que frecuentemente sentimos estos aspectos de nuestra mente muy cerca a nuestra naturaleza personal. Este proceso puede a veces hacernos sentir un poco desnudos e inseguros de nosotros mismos. Sin embargo, con el tiempo y un poco de experiencia positiva desarrollaremos la confianza y desearemos buscar y apreciar conscientemente este camino interior, hacia una forma de vida más íntegra y saludable.

El camino del reiki, al igual que todos los caminos de crecimiento personal y espiritual, es una práctica de toda la vida. Habrá altibajos; los síntomas de la desintoxicación pueden retornar de vez en cuando mientras nos acercamos a obstáculos mentales y emocionales profundamente arraigados. Ser realista acerca de esto puede ayudarnos a estar preparados para dichos obstáculos, y menos desanimados cuando parece que estamos en un punto muerto. Una gran parte del camino es aprender a transformar o ver nuestras dificultades como oportunidades. Por esta razón el reiki puede ayudarnos enormemente. En lugar de evitar estos desafíos, podemos aprender a transformarlos en el camino de la curación interior.

Cómo reaccionan los demás frente al reiki

Cuando aprendemos reiki otras personas pueden reaccionar en forma diferente hacia nosotros. Aunque la mayoría no puede verlo, el reiki se compara con una alta frecuencia de luz que nos rodea en todo lo que hacemos y en las situaciones que vivimos. También toca las vidas de quienes nos rodean. Las personas pueden reaccionar a este cambio siendo mucho más amigables con nosotros, o incluso antipáticos. En cierto nivel subconsciente los demás saben que estamos llevando esta "luz", y quieren beneficiarse de ella.

Si alguien es inusualmente crítico o antipático, sólo acéptelo sin juicio —luego esto pasará—. Si otros absorben su tiempo, trate de lograr un equilibrio permitiendo que las personas obtengan reiki a través de usted, pero no hasta el punto de que su tiempo se vuelva condicional, esto es "esperar algo en retribución". Si piensa que esto puede suceder, es mejor que ofrezca un tratamiento "formal" por una cantidad apropiada de dinero u otro tipo de intercambio honesto, esto es, que las dos partes se sientan bien al dar.

Si es "desafiado" respecto al reiki por su pareja, la familia, los amigos u otras personas, permanezca en calma y centrado cuando esté explicando. Sea honesto en la razón por la cual practica el reiki, si habla con la verdad los demás aceptarán más fácilmente lo que está haciendo, aunque en principio parezca algo no ortodoxo. Permanecer centrado y decir la verdad es más fácil si se valora a sí mismo, se aprecia lo que hace, y trata a los demás de la misma forma. Si se siente amenazado por la duda o burla de otras personas, puede ser una buena oportunidad para que profundice su entendimiento y conexión con este sistema curativo. Hágase preguntas como "¿Por qué decidí practicar reiki? ¿Qué significa el reiki para mí?"

Si se siente seguro de su posición, entonces puede ser abierto y honesto, sin miedo al juicio o al rechazo.

Hacer un intercambio de reiki

Después de unas cuantas semanas de tomar el primer grado de reiki, puede haber una oportunidad de "intercambiar reiki" con el maestro, los integrantes del grupo y otros practicantes. Ésta es una reunión muy especial; tendrá la oportunidad de hacer preguntas y compartir sus experiencias con los demás. Cuando muchas personas relacionadas con el reiki se reúnen, el nivel de energía es más que multiplicado por el número de asistentes. Es una gran oportunidad de dar y recibir alta calidad de energía curativa.

La parte inicial de la noche es usualmente para una meditación sencilla para enviar reiki en grupo a las situaciones mundiales, los amigos y la familia. El resto del tiempo se destina a dar tratamientos en grupos de cuatro, de tal forma que tres personas trabajen sobre una durante más o menos quince minutos. Ésta puede ser una experiencia muy poderosa, así que antes de que reciba el reiki piense brevemente cómo le gustaría que la energía trabajara para usted. ¿Cuáles áreas de su vida necesitan reiki? Luego fije una intención mental clara y apropiada para dirigir la energía en este sentido. Si su maestro no realiza un intercambio, la Asociación de Reiki o la Alianza de Reiki pueden ayudarlo (vea el apéndice 2).

Debe tener la forma de contactar a su maestro en cualquier momento que necesite hacer preguntas, sin esperar necesariamente el siguiente intercambio. Aunque el reiki es una técnica muy fácil de aprender, no es probable que le respondan todas las preguntas durante el curso, así que dedique tiempo examinando lo que ha descubierto, haga notas de las preguntas que surjan, y úselas para dar su siguiente paso.

El primer grado de reiki es a menudo la introducción que muchas personas tienen hacia las ideas de la Nueva Era y los procesos y técnicas de crecimiento personal. También es bueno conocer personas interesadas en estos campos. Es importante no tomar demasiado a la vez, sea práctico, mantenga los pies sobre la tierra y una práctica clara y sencilla del reiki.

Entrenamiento adicional

El entrenamiento adicional no es necesario para obtener el máximo beneficio del reiki. Muchas personas son muy felices con los beneficios que reciben desde su primer grado, y no desean avanzar más. Si el reiki del primer grado es usado sabiamente, obtendrá todo lo que necesita en términos de capacidades curativas y progreso espiritual por el resto de su vida.

Sin embargo, si desea aumentar el poder de reiki disponible para usted, e involucrarse más conscientemente en el proceso de su propia evolución, entonces vale la pena que considere un entrenamiento más profundo.

Entrenamiento del segundo grado de reiki

El segundo grado es usualmente enseñado durante dos medios días, o dos noches. Hay dos iniciaciones, las cuales son similares a las del primer grado, y se dan a conocer tres símbolos. Aprenderá cómo crear y activar los símbolos, y cómo usarlos para mejorar sus habilidades curativas y su uso general del reiki. Los símbolos le permiten dirigir la energía hacia propósitos específicos, aumentar la curación mental y emocional, y enviar reiki a alguien en cualquier parte del mundo. Incluso puede enviar reiki a eventos pasados y futuros.

Aunque difiere con cada estudiante, la energía del segundo grado es por lo general cerca de cuatro veces más fuerte que el primer grado. Usualmente se requiere un periodo de al menos dos o tres meses entre el entrenamiento del primero y segundo grado, esto le da tiempo al practicante para que se adapte física y mentalmente al primer grado, y se prepare para recibir el mayor nivel de energía del segundo grado.

Aprender reiki avanzado

Éste es un gran paso. Usualmente los practicantes esperan al menos seis meses después de haber tomado el segundo grado antes de considerar seguir con el nivel avanzado. Sin embargo, si usted siente que es el momento adecuado, y surge la oportunidad, no lo piense dos veces. Con este nivel de energía podemos alcanzar resultados asombrosos en nuestro propio proceso de autodescubrimiento, y en la manera en que percibimos y entendemos a las personas y al mundo que nos rodea.

La energía que llevamos con el reiki avanzado es superior, más poderosa, y sin embargo más sutil. Hay dos iniciaciones más y también se le asigna al estudiante el símbolo de maestro de reiki, además de una explicación completa de su significado y usos.

Convertirse en maestro de reiki

Este nivel de reiki está destinado para quienes desean específicamente enseñar reiki a otras personas. Si anhela tener el símbolo de maestro de reiki avanzado, se le enseñará cómo habilitar a otros practicantes y a enseñar los diferentes niveles de esta técnica.

Ser maestro de reiki es una vocación especial, aunque no necesita ser una persona especial para lograr dicho título. A menudo los mejores maestros de reiki son aquellos que verdaderamente quieren ayudar a los demás y comprometerse con los procesos y desafíos de una vida cercana al corazón del reiki.

USAR
EL REIKI

Una vez que ha tomado el primer grado puede decidir cómo y cuándo usar la energía. Las siguientes son cuatro pautas básicas que pueden ayudarlo:

1. Intención: la energía sigue naturalmente al pensamiento.
2. El reiki es infinito.
3. El reiki trabaja para el mayor bien.
4. Dedicación, los efectos futuros de las acciones del reiki.

1. Intención: la energía sigue naturalmente al pensamiento

Como se explicó anteriormente, nuestros pensamientos y sentimientos circulan en energías internas, similares a las frecuencias de luz, o a un viento interior muy sutil. De hecho, a veces cuando recibimos reiki podemos sentir esta energía dentro y alrededor del cuerpo, casi como una corriente suave de aire, a menudo con un movimiento circular o en espiral.

Sin la energía física producida por alimentos apropiados, agua limpia o ejercicio físico, no disfrutaríamos de una buena salud. Igualmente, sin las condiciones adecuadas y el cuidado de nuestras energías internas, no podríamos tener una buena salud mental y emocional. Si no usamos la mente de manera positiva y creativa, y nos rodeamos de influencias negativas como películas violentas y relaciones perjudiciales, podemos esperar que nuestras energías internas y nuestra mente se degeneren, como un músculo que no es usado.

Nuestra habilidad para dirigir pensamientos y acciones depende de la facultad mental de la intención. Si deseamos hacer algo mental o físicamente, empezamos con una idea o un sentimiento que necesita energía interna para salir de la mente subconsciente al consciente superficial. Sólo entonces nuestras energías internas pueden llevar y apoyar pensamientos y sentimientos, y desarrollamos nuestras ideas que guían a una acción mental, verbal o física. Esta decisión consciente es nuestra intención. Usualmente no somos conscientes de este proceso, que sucede espontáneamente durante todo el día. Por ejemplo, podemos sentir sed, tener la idea de hacer una taza de té, y luego decidir prepararla.

El proceso puede ser más obvio cuando pensamos profundamente acerca de un asunto, meditamos, recibimos o damos reiki, o buscamos la solución a un problema en particular. Podemos comparar este proceso natural con conducir un auto. Las energías internas son como el auto que conducimos, que podemos dirigirlo con juicios, decisiones y acciones, con el fin de llegar a nuestro destino.

El solo hecho de caminar en un ambiente de aire fresco puede ser de gran ayuda para aclarar nuestros pensamientos al recibir la influencia de la energía vital fresca, y el ejercicio suave sobre nuestras energías internas y los procesos de pensamiento. Incluso si vivimos en un área urbana, ejercicios constantes como caminar, nadar, practicar yoga o tai chi pueden mejorar enormemente nuestra capacidad para crear y canalizar energía pura.

Grandes resultados con pocos recursos

En cualquier actividad que realicemos generalmente queremos alcanzar los mejores resultados usando el mínimo de recursos. El éxito de esto depende de la característica y fuerza de la intención, y la calidad y poder de nuestra energía interna. El propósito principal del reiki es mejorar esta energía "conectándonos" a la energía vital universal, sobre un nivel subconsciente que es parte de nuestra naturaleza interior. Penetrar la totalidad del espacio y el tiempo siempre es nuevo y perfecto, y sin embargo antiguo, eterno e inmutable. El reiki busca ayudarnos a que nos convirtamos en todo lo que realmente somos, si eso es lo que deseamos. La intención primordial de esta sabiduría y compasión ilimitada es la expansión de la felicidad, la realización y el conocimiento de todos los seres vivientes.

Una vez que recibimos el reiki, los pensamientos, los sentimientos y las acciones adquieren más poder y son más efectivos para la realización de nuestras intenciones. El reiki nos traerá de manera natural lo que queremos, sin que necesariamente tengamos que trabajar duro para conseguirlo, siempre que nuestros deseos sean sabios y realmente beneficiosos para nosotros mismos y los demás.

Es responsabilidad de los practicantes de reiki usar esta energía sabiamente. Podemos emplearlo para cuidar la salud y mejorar pensamientos, ideas y acciones. Aunque no podamos notarlo con facilidad, cualquier cosa que pensamos o sentimos acerca de nosotros mismos y los demás tiene un efecto directo sobre todo en la creación. Ya que la energía sigue al pensamiento, tarde o temprano los efectos de los pensamientos y las acciones se materializarán.

Cuando nuestros pensamientos y sentimientos son energizados con reiki, podemos rápidamente lograr cambios positivos en la vida. Todo lo que necesitamos para mejorar nuestra calidad de vida es un deseo consistente, estable y honesto, o una intención sincera. ¡El reiki hará el resto!

Es posible fijar deseos específicos y claros para usar el reiki, o podemos pensar de manera constante:

Me gustaría usar el reiki en todo lo que hago, para mejorar mi calidad de vida y ayudar a mi familia, a mis amigos, y a quien lo necesite.

De esta forma, todas las acciones del cuerpo recibirán una bendición y serán rodeadas por el reiki. Al igual que el doctor Usui, gradualmente nos convertiremos en una fuente de energía positiva, en un "faro" ubicado en un mundo que necesita mucha luz.

El poder del reiki en grupo

Cuando dos o más practicantes de reiki se reúnen a conversar acerca de sus progresos, el nivel de energía presente se duplica o se incrementa aún más, hay un efecto similar al de un intercambio de reiki. La conversación puede ser inspirada y llena de gran sabiduría. Tal vez el poder de un grupo al compartir un intento común por aumentar la sabiduría y el entendimiento es mayor que el generado por un individuo.

Cuando se realiza un encuentro, espontáneamente o programado, todos los participantes se sienten energizados; a menudo eliminan obstáculos o solucionan asuntos que han estado tratando de manejar solos, o logran una visión más clara de la solución apropiada. Este proceso creativo de curación y conocimiento generado por la comunidad tiene un efecto positivo sobre las inmediaciones. La energía positiva es enviada en ondas desde el grupo hasta toda el área circundante, e incluso más lejos. Esto puede ayudar indirectamente a reducir tensiones en la comunidad e incluso la criminalidad, creando de este modo las condiciones adecuadas para un ambiente más armonioso.

2. El reiki es infinito

El reiki nunca se agota. Entre más lo usemos adecuadamente, mayor será nuestra capacidad para canalizar luz pura. Entre más nos damos cuenta de las posibilidades que el reiki proporciona, mayor es nuestra capacidad para hacerlas realidad. El reiki puede llevarnos tan lejos como queramos en cualquier cosa que hagamos. Nunca nos deja en una situación que no podamos transformar en aprendizaje para el mejoramiento de la vida. Todo lo que necesitamos es un poco de valor, motivación y una mente feliz.

No debemos limitar nuestras intenciones; podemos obtener todo lo que deseamos. Es posible fijar intenciones para cosas menores como encontrar un espacio para estacionar el auto, o para aspectos más importantes como el crecimiento personal. A una mayor escala podemos usar el reiki para aliviar conflictos o desastres locales, nacionales o mundiales. Entre más usemos el reiki, más efectivas y poderosas serán nuestras acciones, y más sabias nuestras intenciones.

Podemos dirigir la energía conscientemente creando una intención mental clara. No tenemos que visualizar, meditar o desarrollar una concentración profunda. Sólo necesitamos una idea clara de lo que deseamos alcanzar. A veces requerimos de tiempo para pensar y crear la intención apropiada, y puede ser de ayuda darnos reiki con las manos durante unos cuantos minutos mientras pensamos: "¿Cómo puedo usar el reiki en esta situación? ¿Cuál sería una intención clara y apropiada en este caso?"

Ésta es una forma poderosa de fijar intenciones específicas o enviar reiki a una situación, a un problema o a una persona en particular. Simplemente coloque las manos sobre el cuerpo por un corto tiempo, y traiga a la mente la persona o situación. Cuando sienta que la energía entra en su cuerpo y mente, imagine y sienta que el reiki rodea y penetra las ideas y los asuntos que le conciernen; no necesita crear imágenes mentales claras, así que no se concentre demasiado, sólo relájese, abra su corazón y su mente. Deje que el reiki actúe naturalmente, y confíe en que cualquier cosa que suceda será para el mayor bien.

Ideas para usar el reiki

Los siguientes ejemplos muestran cómo podemos usar el reiki como técnica curativa con las manos, o fijando intenciones:

- Curarnos y curar a los demás; física, mental y emocionalmente.
- Incrementar el crecimiento personal y espiritual; desarrollar compasión, sabiduría, paciencia y empatía.
- Curar animales y plantas.
- Mandar reiki a problemas en el trabajo o el hogar.
- Enviar reiki a situaciones mundiales como conflictos políticos, desastres naturales, accidentes o situaciones locales como el crimen, la pobreza y el desempleo.
- Combinar el reiki con otras terapias complementarias como la aromaterapia o la reflexología.
- Encontrar una carrera o empleo nuevo; una casa, un auto o cualquier cosa que podamos necesitar.
- Tener un buen clima en un día de fiesta en general.

- Disfrutar de un viaje rápido y seguro al conducir, o en general al realizar algún viaje; encontrar espacio para estacionar el auto.
- Hallar una solución para un problema específico.
- Hacer un autotratamiento antes de enfrentarse a situaciones estresantes como exámenes, entrevistas, conferencias públicas, etcétera.
- Dé reiki a su comida antes de consumirla, a la ropa antes de usarla, y a las vitaminas y medicinas para mejorar sus propiedades o reducir los efectos colaterales; úselo también para energizar y limpiar cristales curativos.
- Ser más creativos, mejorar la memoria, o adquirir cualquier cualidad mental o emocional.
- Para encontrar nuevas formas de usar el reiki, o atraer las personas que lo necesitan.
- Llevar una vida tranquila y exitosa.
- Para estar siempre bendecidos, guiados y protegidos.
- Para profundizar la experiencia del reiki a nuestro propio nivel de autoentendimiento.
- Para que la familia, los amigos y otras personas estén felices.

¿Necesitamos fe?

Podemos usar el reiki como deseemos; los únicos límites son los que creamos consciente o subconscientemente. No necesitamos fe para que funcione. Los niños, las plantas y los animales se benefician de esta energía tanto como las personas adultas. Ellos no tienen sistemas de creencias limitantes y no son conscientes de lo que podría o no ser el reiki.

Sin embargo, si creemos firmemente que el reiki no funcionará para nosotros, tal vez a causa de que en cierto modo no queremos que nuestra situación mejore, o porque aún necesitamos esa situación para desarrollar cualidades interiores, se puede crear una barrera entre nosotros y los beneficios que esta técnica puede proporcionar. Una mente abierta y la voluntad para aprender, adaptarnos y transformarnos, definitivamente será de gran ayuda para practicar el reiki.

3. El reiki trabaja para el mayor bien

El reiki nunca puede ser usado para propósitos negativos, pues sólo funciona para el máximo bien. La energía positiva solamente puede usarse para objetivos positivos. Si nuestras intenciones son motivadas por un egoísmo negativo, simplemente no serán realizadas.

A la inversa, si las intenciones son realmente motivadas por un altruismo positivo, nuestros deseos serán fácilmente realizados. Es importante que reconozcamos que nuestro futuro se forma por nuestras acciones presentes y pasadas. Usar el reiki con una buena motivación asegura un resultado positivo en el futuro, y nos ayuda a no repetir hábitos negativos.

Romper la cadena

Ya que la mente, en general, se ajusta a nuestras costumbres, podemos adaptarnos y ser naturalmente positivos, manteniendo buenas intenciones, y no permitiendo que sentimientos, pensamientos, palabras y acciones sean motivados por hábitos negativos y egoístas. Sin embargo, "romper la cadena" no significa que debemos suprimir emociones y pensamientos negativos. Si existen dentro de nosotros, necesitan ser constantemente resueltos de forma clara, abierta y creativa, sin dirigirlos a otra persona o justificarlos. Si se encuentra abatido por sus asuntos, recuerde que cualquier cosa que esté experimentando pasará, sea buena o mala. No complique más la situación; con una mente tranquila y observando los problemas de los demás logramos que nuestras dificultades no sean tan evidentes. El amor, la compasión, la paciencia, la generosidad y la sabiduría pueden convertirse en estados normales de nuestra mente, sin importar qué tan negativos nos sintamos o lo difícil que haya sido nuestra vida. Puede tomar tiempo cambiar los hábitos mentales, pero si el deseo es fuerte y continuo, podemos usar el reiki para alcanzar grandes resultados, a menudo más rápidamente de lo que esperamos.

Por el mayor bien

Generalmente es más fácil para el reiki ayudarnos si nuestros deseos benefician también a otras personas. El reiki funcionará con su máxima efectividad si podemos identificar las intenciones que son para nuestro mayor bien y el de los demás. Si la energía no actúa para nosotros, debemos ser honestos y examinar la motivación. ¿Es realmente beneficioso para todos, o hay presente un sutil elemento de egoísmo? La mejor forma de aprender esto es por medio de la práctica, la experiencia, y discutiendo los problemas y las ideas con los demás, en un ambiente abierto y de apoyo. El reiki nos da el poder para alcanzar grandes cosas, pero necesitamos desarrollar la sabiduría a fin de saber cuáles son, y cómo obtenerlas de tal manera que todos se beneficien.

Ya que el propósito principal del reiki es "el mayor bien", si no estamos seguros de qué intención fijar para una situación particular, podemos simplemente pensar:

Que el reiki trabaje para el mayor bien en esta situación.

Los mejores propósitos específicos del reiki son sencillos, claros, y directos del corazón. Ya que el reiki es una expresión de amor perfecto, nos da una completa libertad para cometer los errores que necesitemos, y el espacio para aprender mediante la experiencia. Entre más usemos el reiki con una buena motivación, mayor será nuestra habilidad para manifestar nuestras intenciones fácil y rápidamente.

Es necesario desarrollar la sabiduría para obtener el mayor bien de nuestras intenciones específicas. La sabiduría no es inteligencia. Debido a que todos los seres vivientes desean evitar el sufrimiento y experimentar sólo felicidad, la sabiduría es simplemente la habilidad para entender cuáles acciones mentales, verbales y físicas producirán felicidad duradera. Para lograr esto debemos comprender que la felicidad no es más que un estado mental. Aunque parece que proviene de las condiciones óptimas de trabajo, vivienda, relaciones o ambiente, si pensamos con más profundidad nos daremos cuenta que en realidad la felicidad viene del interior, y no depende de objetos externos, situaciones particulares, u otras personas. Si usamos el reiki para desarrollar estos estados de la mente en lugar de tratar de manipular el mundo que nos rodea, tendremos más sabiduría, nuestra vida será más tranquila, y beneficiaremos naturalmente a los demás en todo lo que hagamos.

Felicidad desde el interior

Desarrollar la felicidad desde el interior no significa que debemos abandonar el mundo exterior, sino simplemente verlo por lo que es: transitorio y siempre cambiante. Podemos combatir la turbulencia de la vida generando mentes compasivas, amor, paciencia, alegría, generosidad y entendimiento. Si podemos hacer que estos estados mentales sean nuestros amigos, nunca nos abandonarán, siempre estaremos preparados para los desafíos de la vida, y seremos capaces de apreciar la buena suerte y todo lo que esta vida tiene para ofrecernos, sin depender de ello para nuestra felicidad.

Si tenemos un problema particular y nos preguntamos cómo usar el reiki para el mayor bien, y si buscamos seriamente felicidad interior, entonces podemos ganar claridad haciéndonos tres preguntas:

¿Quiero que las cosas cambien? (reactivo)
¿Quiero cambiar las cosas? (proactivo)
¿Quiero cambiar? (activo "interiormente")

Usualmente es mejor que cambiemos en lugar de modificar una situación o esperar que alguien más cambie. Para encontrar la felicidad la mayoría de personas tratan de cambiar diferentes cosas en sus vidas: la apariencia, el trabajo, la pareja, la cantidad de riqueza que se posee, etcétera. Sin embargo estos cambios externos sólo traen felicidad temporal, poco después buscamos algo más para aliviar el descontento. A la larga, tal vez durante muchas vidas, estas acciones realmente causarán más tristeza que felicidad.

La felicidad depende de la mente. Sin embargo al cambiar nuestro mundo físico, nunca estaremos satisfechos, siempre desearemos algo más. La mayoría de nosotros decimos: "Seré feliz cuando haya encontrado a la persona apropiada", "Seré feliz cuando haya encontrado el trabajo que quiero", "Seré feliz cuando mi salud mejore", etcétera.

¡Podemos ser felices ahora —sin importar las circunstancias— simplemente siendo felices!

Entrenamiento para la felicidad

Cada uno de nosotros tiene exactamente lo que necesita para ser feliz. Contamos con los problemas apropiados y las circunstancias difíciles que necesitamos para encontrar la felicidad. Por ejemplo, si vivimos o trabajamos con alguien que nos parece fastidioso, podemos usar este inconveniente como una oportunidad para cambiar y desarrollar cualidades interiores de paciencia, entendimiento, y tal vez finalmente amistad. Buscar un nuevo empleo o desear que la otra persona se vaya no es una respuesta, sólo un medio para escapar o ignorar nuestras propias deficiencias, que llevamos con nosotros dondequiera que vamos, incluso a la próxima vida.

Las dificultades externas son un reflejo de las debilidades internas. Si nos molestamos fácilmente con problemas menores, entonces necesitamos desarrollar tolerancia y paciencia. Si parece que nunca obtenemos lo que queremos, debemos lograr ser felices con lo que tenemos. Si encontramos que la vida es difícil y amenazante, debemos desarrollar confianza, fortaleza interior y el deseo de proteger a los demás, aunque no necesariamente en forma física. Entre más tratamos de controlar y manipular nuestro ambiente para compensar e ignorar nuestras debilidades, más atraeremos las cosas que deseamos evitar.

A la mayoría nos enseñan a corta edad cómo evitar el mundo interior y buscar la felicidad en el mundo exterior. La sociedad es como una feria, llena de atractivas distracciones y diversiones superficiales que nos impiden encontrar tiempo, paz o espacio para desarrollar una verdadera relación con nosotros mismos. La vida puede fácilmente ser llenada con los eventos del nacimiento, la infancia, la educación, la profesión, las relaciones, la familia, la vejez y la muerte, sin tener nunca la posibilidad de poder conocer quiénes somos. A menudo son necesarias las enfermedades, u otros eventos serios que amenazan la vida, para sentarnos y poder observar lo que realmente es importante y valioso.

Muchos individuos pasan toda la vida huyendo de sí mismos, distraídos, y usualmente transfiriendo la atención de una cosa a otra, tratando de encontrar la felicidad en un sitio y luego en otro. A pesar de que muchas personas lo hacen, no significa que es lo correcto. Debemos ser lo suficientemente maduros para mirar a nuestro alrededor, investigar y hacer preguntas acerca de la naturaleza de nuestra realidad, y de cómo podemos mejorar nuestra experiencia de ella por mucho tiempo. Debemos aprender de nuestra propia experiencia y de la sabiduría de quienes han cruzado el mismo camino antes que nosotros, y necesitamos el entendimiento y la compasión para reconocer el sufrimiento de los demás y actuar para aliviarlo cuando sea posible.

Acabar con la "carrera" humana

Si dejamos de caminar en círculo y miramos hacia atrás, podremos observar la desenfrenada "carrera humana" como lo que en realidad es: el desperdicio de una gran oportunidad.

La vida humana es un regalo increíblemente raro, frágil y preciado. Al usar el tiempo para profundizar nuestra sabiduría y felicidad, la vida nos provee una oportunidad para transformar los interminables problemas, graves y de menor importancia. Muchos de nuestros problemas pueden ser resueltos simplemente conociendo nuestra propia mente. Las dificultades que no pueden ser solucionadas con facilidad pueden usarse de manera favorable; si aprendemos a superarnos y a cambiar en situaciones difíciles, podremos realmente empezar a aprovechar estas oportunidades, y usarlas para fortalecer nuestras cualidades y desarrollar felicidad interior. Al hacer esto podemos transformar situaciones diarias en pasos hacia el camino de la felicidad duradera. Al cambiar nuestra mente suelen modificarse automáticamente situaciones externas. Debemos aprovechar esta oportunidad para cambiar de dirección, voltear y observar el mundo en forma diferente, necesitamos pensar:

*La felicidad no está **Allí**, está **Aquí**.*

¡El reiki puede ayudarnos a abrir la puerta hacia una felicidad interior continua, el tesoro que todos buscamos!

La mitad del camino

Si desea usar el reiki para avanzar por el camino de la transformación personal, recuerde que es la mitad del camino. Sabemos que toma tiempo cambiar hábitos que han permanecido con nosotros durante muchos años, así que sea paciente consigo mismo. No espere demasiado en poco tiempo. Mantenga una mente relajada y feliz, y una motivación positiva, entonces todo será posible. Si usamos el reiki de esta manera, todo lo que necesitamos llegará, y el camino hacia la felicidad plena será rápido, fácil y exitoso.

4. Dedicación: los efectos futuros de las acciones del reiki

Todo lo que hacemos, decimos y pensamos, cada acción del cuerpo, del habla y de la mente, forma un potencial para una correspondiente reacción mental, verbal o física en el futuro. También crea la tendencia a que repitamos tales hechos, y un mayor deseo o compulsión por mantenernos desarrollando acciones negativas similares. Si lo hacemos, podemos esperar reacciones adversas tarde o temprano; y si tenemos un propósito negativo en la vida, es más probable que establezcamos las condiciones que atraen problemas y circunstancias difíciles.

Igualmente, la energía positiva que creamos, por ejemplo, con la paciencia, la bondad y al dar reiki, retornará a nosotros como una experiencia muy positiva de una forma u otra. Si dirigimos conscientemente esta energía positiva hacia un propósito específico, puede ser una manera poderosa de manifestar nuestras intenciones, alcanzar los objetivos, y acelerar el crecimiento personal y espiritual.

Escoger una dirección para dirigir la energía es similar a crear reiki. Si elige un propósito que beneficiará a muchas personas, entonces este deseo será realizado más fácilmente que un objetivo netamente egoísta. Para dedicar cualquier acción positiva simplemente piense:

Que esta energía positiva sea dedicada completamente
para el mayor bien de todos.

O bien:

Que todos los seres vivientes se beneficien
de esta energía positiva.

Tal vez los mayores objetivos que podríamos desear son:

A través de la fuerza de esta energía positiva,
que todo ser viviente sea liberado del sufrimiento
y todos encontremos la verdadera felicidad
rápida y fácilmente.

O bien:

A través de la fuerza de estas acciones positivas, que mi sabiduría y compasión aumenten continuamente.

Dedicar la energía positiva creada por nuestras acciones toma poco tiempo, pero este pequeño gesto es una práctica muy especial. Podemos fácilmente desperdiciar o destruir el potencial de acciones positivas previas, con el solo hecho de desarrollar estados mentales negativos como la ira, la culpabilidad y la envidia.

La dedicación sincera es como "guardar" o proteger el potencial de nuestras acciones positivas, para un posterior beneficio nuestro y de los demás. De esta forma el potencial positivo aumentará y producirá excelentes resultados para todos.

AUTOTRATAMIENTO

Sólo podemos ser curadores efectivos si podemos curarnos a nosotros mismos. Como parte de este proceso es importante darnos un tratamiento completo de reiki a diario durante los primeros treinta días siguientes al entrenamiento del primer grado. Al hacer esto, nos adaptamos mental y físicamente a la nueva energía que portamos, y nos convertimos en un canal más adecuado para el reiki.

Recuerde que los primeros dos tratamientos del doctor Usui fueron sobre sí mismo: cuando se hirió un dedo del pie corriendo en la montaña, y cuando pudo comer bastantes alimentos después de un largo ayuno, sin consecuencias adversas. Estas autocuraciones son muy simbólicas y deben enseñarnos a no afanarnos a "sanar el mundo", sino a nutrirnos y desarrollarnos bien para poder ayudar a los demás eficazmente.

Funcionamiento del reiki

Algunas personas sienten que pueden dar tratamientos de reiki a otras personas inmediatamente después de las iniciaciones del primer grado. El reiki proviene de una fuente ilimitada y no se agota, generalmente incrementa nuestros propios niveles de energía. El proceso de convertirse en un canal para esta energía es continuo y puede involucrar periodos de limpieza interior que requieren descanso y autotratamiento. Cada practicante de reiki tiene que valorar sus propias necesidades, y con la experiencia puede juzgar cuándo es el momento para recibir en lugar de dar. Recibir puede ser un acto de dar si nuestra motivación es ayudar a los demás. Si nuestra motivación real es buena, debemos ser claros y honestos con nosotros mismos, luego nuestras acciones beneficiarán naturalmente a otras personas, incluso si éstas en ocasiones parecen ser egoístas.

Cuando damos reiki a los demás, también recibimos lo que necesitamos. Si nos sentimos listos para dar un tratamiento a otros de manera regular, después de un tiempo apropiado de autotratamiento, entonces esto puede realmente acelerar, aumentar y profundizar nuestro crecimiento y desarrollo. Entre más sigamos esta práctica, junto con el autotratamiento, y recibiendo reiki de otras personas, mayor será el entendimiento y la experiencia que tendremos acerca del funcionamiento del reiki. Este proceso también puede ser enriquecido y apoyado mediante intercambios con otros practicantes, tal vez una vez al mes, o con más frecuencia de acuerdo con las necesidades.

Intención y dedicación

La cualidad de la intención afecta directamente los resultados de nuestras acciones. Si nos damos reiki con el deseo de que todos se beneficien de él, entonces se creará más energía positiva que si sólo buscáramos nuestro propio beneficio. Si esta energía es también dedicada sinceramente, tarde o temprano regresará a nosotros como una experiencia muy positiva y producirá excelentes resultados para todos.

Para fijar nuestro propósito, simplemente pensamos —al comienzo del autotratamiento— en las áreas de la vida que deseamos curar, cambiar o entender, o fijamos propósitos específicos claros. Podemos también traer a la mente personas a las que deseamos ayudar; por ejemplo, podríamos pensar:

*Que este tratamiento beneficie con el mayor bien a mis hijos,
mis padres, mi pareja, el resto de mi familia, amigos y vecinos
(puede mencionarlos con el nombre), todos los que viven
en esta ciudad y en este país, todos los habitantes
de este continente, del planeta, y todos los seres vivos.*

No hay necesidad de reafirmar constantemente nuestro propósito después de que lo hemos fijado, ya que esto no aumentará el poder del reiki, y puede impedir que nos relajemos completamente y recibamos lo que necesitamos. Sin embargo, a veces es bueno meditar más a profundidad acerca de nuestras intenciones a lo largo del tratamiento. Para hacer esto puede sentarse en una postura de meditación mientras es realizado el tratamiento (ver en el capítulo 9 las técnicas básicas de meditación). Cuando el tratamiento ha finalizado, pensamos en un objetivo específico o un propósito general al cual dirigimos la energía positiva creada mediante el uso del reiki. De nuevo, las mejores intenciones y dedicaciones son sencillas, honestas, y surgen directamente del corazón.

Recuerde:

Intención
Accion / Tratamiento
Dedicación

Eliminar patrones mentales negativos

Con un autotratamiento constante, mejoran naturalmente la salud y florecen las cualidades. Nos volvemos más tranquilos y es menos probable que reaccionemos en forma negativa frente a situaciones difíciles. Esta paz trae también confianza y fortaleza interior, y un mayor conocimiento de nuestras habilidades naturales. Además somos más conscientes mental y emocionalmente, capaces de reconocer patrones de pensamiento negativos, y aumentar nuestro poder para transformarlos, liberándonos así de la esclavitud de nuestros malos hábitos. En pocas palabras, nuestra salud mental mejora, y mientras obtenemos valor para cambiar, empezamos a sentirnos bien por lo que somos y lo que hacemos. El autotratamiento constante puede también actuar como una medida preventiva de salud. Es bien sabido que un estrés mínimo y una sensación de bienestar pueden tener un efecto positivo sobre nuestra salud física y mental.

Las doce posiciones básicas

Un autotratamiento completo dura sesenta minutos. Hay doce posiciones básicas: colocamos las manos cinco minutos en cada una (vea las ilustraciones al final de este capítulo). Estas posiciones corresponden a los siete chakras principales o centros de energía del cuerpo humano. Aunque la energía se dirige a las áreas más necesitadas del cuerpo y la mente, cada posición de la mano tiene un efecto más específico. Si usted, o alguien que recibe su tratamiento, tiene áreas de interés especial, es útil saber en cuáles posiciones aplicar más tiempo el tratamiento (vea más detalles en el capítulo 8 bajo el título "Las doce posiciones de las manos").

Si permanece en una posición más de cinco minutos, debe de todos modos gastar cinco minutos en cada una de las otras posiciones, siempre que el tiempo se lo permita. No tema experimentar nuevas posiciones que sienta apropiadas y produzcan buenos resultados. Después de que haya practicado reiki por algún tiempo, invierta el orden de las doce posiciones, esto puede ayudar a liberar bloqueos de energía. También trate de usar sólo las posiciones que sienta que necesitan reiki, de este modo podrá desarrollar sabiduría intuitiva y el conocimiento de la energía. El mejoramiento de estas habilidades guía gradualmente a un mayor entendimiento de la mente y la conciencia.

El lugar y el momento indicados

Antes de iniciar un autotratamiento, organice el ambiente adecuado. Dese un periodo conveniente de tiempo sin interrupciones, tal vez al comenzar la mañana o la noche, preferiblemente a la misma hora todos los días. Algunas personas son energizadas física y mentalmente por el reiki, y otras terminan relajadas, por eso es importante escoger el tiempo que se ajuste al horario diario. Esta reacción puede ser controlada hasta cierto punto fijando el propósito adecuado, pero es mejor trabajar con la energía y las inclinaciones naturales, y no en su contra.

Busque una habitación tranquila. Trate de evitar posibles distracciones, desconecte el teléfono, y pídales a los demás que no lo interrumpan durante su tratamiento. Tenga lista una cobija si cree que puede necesitarla; ponga música relajante si se siente bien con ella. Podría colocar una almohada bajo sus rodillas y su cabeza, esto puede ayudar a liberar la presión de un problema anterior. También es útil un reloj fácil de ver, y que cuente intervalos de cinco minutos, ya que es fácil perder la noción del tiempo, o quedarse dormido. Si se queda dormido antes de haber finalizado, generalmente significa que necesita más reiki en la posición en la que trabajaba en esos momentos. Simplemente continúe donde iba y termine el tratamiento, si el tiempo se lo permite.

Durante el tratamiento

Mantenga juntos los dedos, pero no muy fuerte; esto concentra la curación en un área y permite un flujo suave de energía. Al extender de esta forma los dedos se estimulan los chakras palmares. También podemos estimular estos chakras masajeando suavemente la palma con un movimiento circular, o trazando en el aire sobre ella una espiral en sentido contrario a las manecillas del reloj. Nuestros chakras palmares son bastante sensibles a la energía, así que si apunta los dedos de una mano sobre la palma de la otra, sin tocarla, y moviéndolos en círculo o espiral, puede sentir una sensación de hormigueo en ella. Una vez que haya recibido las iniciaciones del reiki, será más sensible a la energía, y aumentará su propio nivel de fuerza vital.

Cuando se dé reiki a sí mismo trate de hacer que cada posición sea lo más cómoda posible usando almohadas, cojines, y una manta si es necesario. Trate de no perder el contacto con su cuerpo mientras cambia las posiciones de las manos, ya que esto restringe el flujo libre de energía e interrumpe el proceso de relajación profunda. Podemos hacer el autotratamiento acostados o sentados —lo importante es que se puedan cubrir las posiciones cómodamente estando relajados—. Si tiene brazos con músculos débiles, o una herida en el cuello o el hombro, puede hacer las dos primeras posiciones acostándose de lado con una almohada entre los codos para proteger los brazos. Dese la vuelta y cambie de lado entre la primera y segunda posición para permitir que la energía se equilibre y fluya libremente a través de su cuerpo y aura. Algunas de las posiciones de la espalda son muy difíciles de alcanzar, así que puede colocar sus manos lo más cerca posible a la posición correcta, o permanecer más tiempo en la posición frontal correspondiente. Alternativamente, haga las posiciones frontales de nuevo y fije una intención mental clara para que la energía fluya hasta la espalda.

El autotratamiento puede ser combinado con otras técnicas, tales como afirmaciones, visualizaciones, aromaterapia, o remedios florales. Experimente y disfrute buscando las combinaciones más efectivas para usted. Combinar el reiki con cristales puede ser una técnica especialmente poderosa, pero tenga cuidado. Asegúrese de que usa los cristales correctos, en los sitios indicados, para propósitos adecuados. Esto lo puede averiguar en un libro; sin embargo, no deje a un lado su intuición. Si siente que es conveniente usar un cristal en determinada forma, ensaye dicha idea. Recuerde que el reiki es un sistema completo de curación para el cuerpo y la mente; ensayar siempre algo diferente puede ser una diversión para enfrentar nuestros asuntos reales. Si usa reiki regularmente, con un deseo honesto de avanzar, recibirá todo lo que necesita, y aún más, en términos de curación y crecimiento personal. No obstante, si está buscando algo más, tal vez el mejor cumplido para el reiki es la práctica de la meditación o la oración. La meditación puede profundizar y extender nuestro uso del reiki además de traernos otros beneficios especiales.

Cuidado después del tratamiento

Cuando finalice su autotratamiento levántese lentamente y repose; esto permite que sus energías se equilibren y su mente se aclare antes de retornar a la actividad diaria. Apresurarse inmediatamente después de la relajación profunda puede dejarlo sintiéndose vulnerable, mareado e incluso irritable. A algunas personas les puede tomar más tiempo "estabilizarse" después de un tratamiento. Si se siente particularmente sensible, vulnerable o mareado después de una sesión, siéntese y fije un propósito como: Equilibrado, centrado y completamente protegido.

Éste es también un buen propósito para usar en cualquier otro momento, especialmente si está en una situación donde podría ser desafiado por otras personas. Además, dar reiki a los pies o la frente puede reducir el vértigo. Una práctica buena es lavarse las manos después de un tratamiento, tomar una ducha sería magnífico.

Después de los primeros treinta días, no necesitamos hacer un tratamiento completo todos los días, aunque muchas personas continúan esta práctica si observan una diferencia al reducir el tiempo empleado para el reiki. Si en algunos días no tiene mucho tiempo, entonces un poco de reiki es mejor que nada. Si puede tomar tiempo en el día para el reiki, de veinte a treinta minutos si vive muy ocupado, y se da a sí mismo un tratamiento completo una o dos veces a la semana, entonces los efectos positivos serán continuos y duraderos. Si tiene poco tiempo disponible para un tratamiento general, escoja sólo tres posiciones, tal vez la parte trasera de la cabeza, el corazón y las caderas, y dure cinco minutos en cada área. Fije una intención para recibir lo que necesita, siempre para su mayor bien; con este simple procedimiento se pueden alcanzar buenos resultados en poco tiempo.

A veces podemos sentir que queremos darnos mucho reiki, tal vez varias horas al día. Esto es bueno para periodos cortos de tiempo, unos cuantos días u ocasionalmente algunas semanas. Esto puede ser especialmente útil para ayudarnos a tratar eventos traumáticos como el rompimiento de una relación amorosa, una enfermedad grave, etcétera. Sin embargo, continuar este tipo de tratamiento durante largos periodos puede a veces ser una forma subconsciente de diluir la efectividad del reiki y usarlo como una manera de eludir la vida, en lugar de emplearlo como una herramienta poderosa para la curación interior y el crecimiento personal hacia la responsabilidad y la madurez. Ésta es una de las razones por la que es tan valioso el tratamiento de una hora para las doce posiciones.

Reiki en todo momento y en cualquier lugar

Usted puede darse reiki casi en cualquier lugar si tiene disponibles cinco o diez minutos. Esto es especialmente útil en situaciones estresantes como un embotellamiento del tráfico, antes de una entrevista, después de una disputa, y antes o después de cualquier situación difícil. Probablemente es más sabio, si tiene la oportunidad, que se dé reiki antes de que se originen situaciones difíciles, y fije un propósito para que la situación y todas las personas involucradas reciban energía para el mayor bien. Esto realmente asegura un resultado más equilibrado y honesto. Recuerde que todo lo que tiene que hacer es colocar sus manos en cualquier parte de su cuerpo y pensar breve y claramente cómo le gustaría usar el reiki. Si se encuentra en un lugar público y piensa que la gente podría extrañarse por lo que usted hace, entonces coloque las manos sobre las piernas, ya que ésta es la posición menos obvia, siempre y cuando esté sentado.

Use reiki, obtenga todo el que pueda, y aprenda a integrarlo a su vida diaria; no limite su práctica a tratamientos formales. Tomar tiempo para el reiki no es un problema, sólo necesita un poco de imaginación; por ejemplo, puede darse reiki:

- Mientras ve televisión.

- Sentado en un parque, o en la iglesia.
- Durante descansos en el trabajo.
- Al trasladarse en autobús, tren, o en su auto cuando hay embotellamiento de tráfico.
- Cuando esté leyendo, estudiando o memorizando.
- Al caminar en cualquier lugar.

Aprenda a organizar conscientemente su vida con reiki. Puede recurrir a él en todo momento; está ahí para ayudarlo a alcanzar su máximo potencial simple y fácilmente. Entre más se relaje y confíe en el reiki, con más efectividad trabajará para usted. No limite su práctica a autotratamientos formales. Dondequiera que se encuentre, sin importar lo que esté haciendo, y cada vez que lo necesite, realice su intento y el reiki estará con usted.

Cuando tenga un problema físico menor, simplemente ubique sus manos en la parte del cuerpo afectada durante unos cuantos minutos. Si se siente tensionado, nervioso, o confundido, trate de encontrar dónde se centra esta sensación en su cuerpo (el estómago, el corazón, la cabeza), luego coloque las manos ahí unos cuantos minutos para aliviar el problema. Nunca haga reiki en el baño o la piscina, podría quedarse dormido. Si va a conducir después de un tratamiento, asegúrese de que está completamente despierto.

Efecto del reiki sobre la mente

Los beneficios del autotratamiento constante fluyen hacia todas las áreas de nuestra vida. Podemos obtener la profunda paz que sentimos durante el autotratamiento para el resto de la vida diaria. Esto es definitivamente posible, y se consigue con la práctica constante. Ya que las tendencias hacia acciones positivas o negativas cambian gradualmente con nuestros hábitos de pensar y sentir, si cada día podemos familiarizarnos con la paz profunda y la felicidad, sin importar lo negativos que hemos sido en el pasado, no podemos evitar sentirnos más contentos y realizados. Entre más seamos capaces de vivir de esta manera, más fácil será liberar y aliviar las cargas de pasados traumas físicos, mentales y emocionales.

El reiki tranquiliza y estabiliza la mente, permitiéndonos trascender en forma natural nuestra conciencia superficial y tocar el ser interior. Normalmente sólo alcanzamos este nivel de conciencia cuando estamos profundamente dormidos. La mayoría de las personas no recuerdan esto por no estar conscientes mientras lo experimentan. La sensación de paz profunda y claridad que a veces experimentamos conscientemente en el autotratamiento se origina debido a que experimentamos niveles más profundos de la mente. El reiki mejora la calidad de estas energías internas, y esto a su vez da origen a la experiencia de trascender o dirigirse a la naturaleza interior. Tiene un efecto positivo sobre nuestra salud física, porque los posteriores niveles reducidos de tensión física y mental hacen que inmediatamente nuestras habilidades curativas y regenerativas obtengan de nuevo su poder natural.

Como huellas en la arena

Del budismo sabemos que cualquier enfermedad, antes de manifestarse en el plano consciente o físico, surge de los niveles más profundos de la mente —el subconsciente de la mayoría de nosotros—. Sólo podemos eliminar las causas reales de la enfermedad conociendo, experimentando y purificando nuestra mente de todas las semillas potenciales de estos males, creadas por nuestras acciones mentales y corporales negativas de nuestras anteriores vidas.

El reiki puede ayudar a eliminar estas semillas; sin embargo, las impresiones mentales de estas acciones pasadas permanecen aún en la mente —como huellas en la arena— y crean la tendencia a seguir de nuevo el mismo camino, o a cometer acciones negativas similares en el futuro. Estas impresiones también deben ser removidas si queremos evitar enfermedades u otras experiencias negativas en ésta y en posteriores vidas. Podemos hacerlo purificando completamente la mente y desarrollando nuestra conciencia, y especialmente nuestra sabiduría por medio de técnicas avanzadas de meditación (vea el apéndice 1).

El reiki puede mejorar enormemente nuestra salud, y protegernos de futuras enfermedades, impidiendo que las potenciales causas emerjan de lo profundo de la mente. Las enfermedades sólo pueden surgir si están presentes otras condiciones; por ejemplo, una semilla no puede convertirse en un árbol sin agua, tierra, luz y aire. Igualmente, puede impedirse que surja una enfermedad al reducir el estrés, mejorar la dieta, eludir ambientes depresivos, y lo más importante, evitando estados mentales negativos y energías internas de mala calidad. La potencia del reiki es una protección contra mentes negativas y energía interna impura. De este modo funciona de dos maneras: alivia problemas existentes y evita que surjan más en el futuro.

El espacio entre pensamientos y sentimientos

Podemos comparar la mente con un vaso de agua espumosa. Las constantes burbujas que flotan hacia la superficie son como nuestros pensamientos y sentimientos. Parece que éstos surgen de adentro, como si formaran nuestra identidad, o como si fueran el "verdadero yo". Nuestra verdadera naturaleza se asemeja más al agua misma que a las burbujas que surgen de ella; en realidad nuestra esencia está más cerca al espacio entre nuestros pensamientos y sentimientos.

Por medio de la práctica del reiki nos adentramos más en la verdadera naturaleza de la mente, amainando los pensamientos y las emociones que continuamente nos distraen. Más allá de esta sensación de profunda paz podemos finalmente experimentar nuestra verdadera naturaleza, o conciencia clara e infinita. Hay una sensación tangible de alivio mientras tenemos estas experiencias, como si hubiéramos regresado de un largo viaje —nos sentimos como llegando a casa—. Es posible transmitir esta totalidad al resto de nuestras actividades diarias para enriquecer todas las áreas de la vida. En realidad al extender y experimentar la verdadera naturaleza de la mente podemos solucionar todos los problemas. El reiki puede llevarnos a lo largo de este camino hacia un nivel avanzado de conciencia. Si queremos resolver todos nuestros conflictos presentes y futuros, y ayudar a los demás de la mejor forma posible siguiendo el camino de la iluminación total, entonces podemos usar el reiki para estudiar y practicar bajo la dirección de un maestro de meditación (vea el apéndice 1).

Luego de practicar reiki por algún tiempo, inmediatamente después o durante las iniciaciones, podrá darse cuenta de la presencia del reiki dentro o alrededor de usted; es una experiencia muy agradable. Alguien lo describió como "sentir que Dios pone sus brazos alrededor de nosotros". A veces puede sentirse como una "lluvia" suave, o un campo de energía vibratoria que rodea el cuerpo. Debemos tratar de inducir estas experiencias por medio de la oración, la meditación o un constante autotratamiento.

Sin embargo, si no logra estas experiencias de manera constante, no se preocupe, realmente es de más valor desarrollar un poco más de compasión y el deseo de ayudar a los demás. Por supuesto, todos somos diferentes y experimentamos el reiki de manera distinta, de acuerdo con lo que necesitamos. La mejor forma de juzgar nuestro progreso es muy simple. Tome regularmente un poco de tiempo para examinar su vida y mirar quién era y dónde estaba hace unos cuantos meses. Trate de recordar cómo se sentía consigo mismo y respecto al mundo a su alrededor. Si se siente más alegre, tranquilo y realizado, realmente está avanzando.

Trascender y sueño reiki

A veces podemos experimentar sueño reiki durante el autotratamiento, o cuando recibimos la energía de otras personas. Es como un corto periodo de sueño profundo; trascendemos nuestro nivel de conciencia superficial, y surge un nivel mental más sutil. Puede sólo durar unos cuantos minutos, pero debido a que nos relajamos profundamente, y trascendemos la conciencia normal, puede parecer que hayamos dormido varias horas. Esto puede suceder a veces a la inversa, horas de autotratamiento pueden parecer unos pocos minutos. Cuando recuperamos la conciencia del sueño reiki, a menudo nos sentimos completamente relajados, como si hubiéramos dormido toda una noche.

Estas experiencias indican que el tiempo medido no es tan concreto como normalmente parece ser, y que la mente existe; más allá de las fronteras de tiempo y espacio. Efectivamente, la mente es en esencia ilimitada y eterna. Algunos textos budistas definen la verdadera naturaleza de la mente como claridad y conocimiento, como un cielo azul despejado, o un saber puro y completo; un sentido de "simplemente ser" sin límites o definición.

Necesitamos sueño profundo todas las noches para mantener una buena salud. Generalmente pasan varias horas de sueño normal antes que podamos experimentar los beneficios de dormir profundamente. El sueño profundo y el sueño reiki son muy curativos. Retornando a la fuente de nuestra conciencia superficial, nuestra mente sutil, liberamos tensiones físicas y mentales acumuladas, y nos sumergimos, en una conciencia pura, la cual es el centro del ser. El sueño reiki inconsciente tiende a sucederle más frecuentemente a personas que tienen sueño profundo, o a quienes particularmente necesitan curación a fondo.

Para la mayoría de personas no es fácil experimentar sueño reiki conscientemente. La mente está acostumbrada a funcionar sobre un nivel superficial, no tenemos la capacidad consciente o la concentración para permanecer despiertos y al mismo tiempo profundamente relajados. Ésta es la razón por la que perdemos el conocimiento temporalmente cuando trascendemos la conciencia normal y caemos en sueño reiki, como lo hacemos cuando nos dormimos normalmente. El doctor Usui podía trabajar conscientemente dentro de los niveles sutiles de la mente, gracias a sus muchos años de entrenamiento en meditación. A medida que progresa nuestra práctica con el reiki, experimentamos cada vez más los niveles más sutiles de la mente durante tratamientos formales y en nuestra vida diaria. Estas mentes lúcidas, claras y profundamente felices empiezan a surgir naturalmente desde el interior, y podemos profundizar la experiencia y el entendimiento de este proceso a través de la meditación y el estudio apropiado.

El aprendizaje de toda la vida

A veces podemos sentir que no estamos progresando mucho con la práctica del reiki, o que tal vez esta energía no trabaja para nosotros en la forma que esperamos. Sin importar cuál sea el camino de crecimiento personal o espiritual que escojamos, a veces encontraremos dificultades, desafíos y aventuras. Ningún camino que vale la pena seguir está libre de obstáculos; el reiki no es la excepción.

Si buscamos un camino fácil por razones equivocadas, con seguridad seremos decepcionados; no podemos usar el reiki para escapar de los problemas o manipular el mundo externo corno deseamos. El reiki es un camino de aprendizaje de toda la vida, y no una garantía de milagros de la noche a la mañana. Debemos usarlo con paciencia y sabiduría. Podemos transformar la adversidad si tenemos la voluntad de cambiar nosotros mismos y no nuestros problemas externos. Para algunas personas esta habilidad es adquirida fácilmente; sin embargo a la mayoría nos toma tiempo desarrollarla mediante la experiencia. El reiki nos ayuda a encontrar nuestro camino medio, un lugar entre las limitaciones y los potenciales que actualmente tenemos, y con el tiempo, si somos pacientes y constantes, obtendremos gran sabiduría y habilidad en el uso del reiki para transformar la adversidad en felicidad interior. El camino del autotratamiento puede ser muy desafiante. Debemos tener el valor para mostrar mucho de lo que creemos que somos, y estar abiertos y deseosos de experimentar un nuevo camino. Necesitamos una mente "clara" para hacer esto; una mente flexible, adaptable, equilibrada, y capaz de transformar creativamente nuestro antiguo ser, por uno con quien valga la pena vivir.

El reiki es un proceso de purificación y curación de muchas capas de ideas erróneas, confusión y falsa identidad, y permite que nuestra verdadera naturaleza surja del interior. Poco a poco nos convertimos en seres más fuertes y saludables en todos los niveles. Disfrutar nuestro propio crecimiento personal es muy importante. La sensación de auto-habilitación que experimentamos nos ayudará a trabajar más armoniosamente con el reiki en busca de un objetivo común. Para quienes desean dar este siguiente paso en la evolución de la humanidad, hay un mundo de posibilidades maravillosas esperando.

Posiciones en la cabeza

Figura 5.1 Ojos

Con los dedos juntos coloque las palmas sobre sus ojos, de tal forma que no pueda ver luz al abrirlos. No toque los ojos ni restrinja la respiración presionando la nariz.

Figura 5.2 Sienes

En esta posición las palmas deben estar sobre las sienes, y los dedos apuntando hacia la coronilla.

Posiciones de la mano para el autotratamiento

Figura 5.3 Base del cráneo

Deslice sus manos por la base del cráneo, hasta el hueso occipital. Sus manos
pueden traslaparse o estar lado a lado en esta posición, siempre que el hueso occipital
esté cubierto.

Figura 5.4 Cuello y garganta

Baje las manos en el cuello, de tal forma que la muñeca toque su garganta
y el resto de las palmas y los dedos envuelvan suavemente el cuello.

Posiciones de las manos para la parte frontal del cuerpo

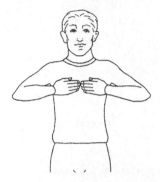

Figura 5.5 Corazón

Deslice sus manos hasta el tope del pecho, cerca del corazón, de tal forma que queden horizontalmente planas. Las yemas de los dedos de cada mano deben tocarse ligeramente.

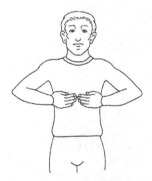

Figura 5.6 Plexo solar

De nuevo manteniendo contacto con el cuerpo, mueva las manos hacia abajo de tal forma que las palmas descansen sobre la parte inferior de las costillas, y sus dedos se encuentren directamente sobre el plexo solar, que se localiza directamente debajo del centro de sus costillas.

Figura 5.7 Ombligo

En esta posición las yemas de los dedos deben tocar suavemente una pulgada abajo del ombligo, con las manos aún horizontales si se siente cómodo.

Figura 5.8 Ingle

Mueva las manos hacia abajo de tal manera que se ajusten a la forma en V natural de la ingle. Las yemas de los dedos deben apenas tocar.

Posiciones de las manos para la parte trasera del cuerpo

Figura 5.9 Parte superior de los hombros

Deslice las manos hacia arriba sin perder contacto, rodee su cuello de tal forma que sus dedos toquen la columna vertebral. Sus manos formarán una V.

Figura 5.10 Debajo de los omoplatos

A. Lleve su mano derecha hasta la parte superior de su hombro izquierdo y mueva la mano izquierda de tal forma que la palma quede plana contra la base de su omoplato derecho.

B. Como lo anterior pero invertido. Si no puede realizar esto repita la posición frontal (Ver la Figura 5.6, plexo solar).

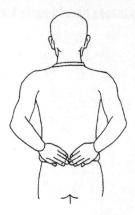

Figura 5.11 Parte más estrecha de la espalda
En esta posición sus manos deben estar cerca al ombligo,
y horizontales si es posible.

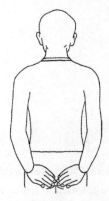

Figura 5.12 Coxis, base de la columna
Deslice las manos de tal forma que sus dedos hagan contacto
al nivel de la punta del coxis.

TRATAMIENTOS
EN OTRAS PERSONAS

Prepararse para dar un tratamiento de reiki a otra persona es similar al autotratamiento. Se puede necesitar adicionalmente un sofá, un vaporizador de aromaterapia, luz baja, y una habitación cálida (especialmente en invierno). Si está dando el tratamiento a alguien por primera vez, póngase en la posición de la persona: ¿Cómo se sintió usted con el reiki la primera vez? Trate de que el paciente se sienta lo más cómodo posible; dele tiempo para que le explique por qué lo ha visitado y qué espera del tratamiento.

Tratar las expectativas del paciente

Puede ser útil decirle a su paciente lo que puede suceder en el tratamiento; sin embargo, juzgue cada situación como crea mejor. A veces puede no ser apropiado cuando parece que la persona piensa en lo que podría pasar en lugar de relajarse. Los siguientes son algunos ejemplos de lo que puede decirle a su paciente si es conveniente:

- Cuánto tiempo durará el tratamiento.
- Demuestre las doce posiciones básicas de la mano, y explique que puede incluir otras.

- Dígale cuándo es el momento de voltearse (después de la octava posición de la mano).
- Explíquele que puede sentir calor dentro y alrededor del cuerpo, o proveniente de las manos del curador (ocasionalmente se puede también sentir frío).
- Sensación de hormigueo dentro y alrededor de su cuerpo.
- Puede sentirse pesado o liviano.
- Muy relajado, o incluso con sueño (está bien quedarse dormido).
- Puede desear hablar.
- El cuerpo puede sudar ligeramente (o moverse nerviosamente), y puede sentir movimiento dentro del cuerpo mientras se relaja.
- La garganta puede secarse (tenga un vaso con agua a la mano).
- El estómago puede "gorgotear" mientras el cuerpo se relaja.

Explique que todas estas son reacciones naturales. Algunas personas pueden tener una experiencia o liberación emocional mucho más profunda. Mantenga una caja de pañuelos desechables a la mano, y esté listo para escuchar si esto es requerido. Trate de ser abierto y acepte todo lo que suceda.

Confíe en que su paciente sabrá consciente o inconscientemente lo que va a experimentar. Entre más auténtica sea la confianza que tengamos respecto a las habilidades curativas naturales de un individuo, más fácil será que éstas surjan dentro de él. El practicante debe desarrollar confianza en el reiki, como parte de su curación y crecimiento. Esto crea una atmósfera favorable para madurar el potencial autocurativo de su paciente.

Si sus manos están frías, caliéntelas antes de iniciar el tratamiento. Esto es especialmente importante para las posiciones de la cabeza. Las primeras cuatro posiciones pueden sentirse particularmente claustrofóbicas, así que tenga en cuenta que algunas personas pueden sentirse incómodas por ser tocadas. Un tratamiento de reiki es también efectivo colocando las manos sobre el cuerpo sin tocarlo; sin embargo, sabemos que el poder del contacto puede ser en sí muy curativo, incluso sin reiki. La pregunta sobre tocar o no el cuerpo es muy importante cuando un hombre da tratamiento a una mujer, así que establezca antes de empezar cómo se sentirá mejor el paciente, para que se pueda relajar y recibir el máximo beneficio de la energía.

Explicar el reiki al paciente

A veces puede ser difícil explicar exactamente lo que es el reiki. Si su paciente pregunta, trate de dar respuestas sencillas y honestas. Los resultados del tratamiento son más importantes que una explicación intelectual, aunque hablar acerca del reiki y compartir ideas puede ser parte del proceso de curación. Esto puede definitivamente ayudar a las personas a ampliar sus puntos de vista, y a observar la vida desde una nueva perspectiva. Evite desafiar directamente creencias de la gente, especialmente si parecen ser firmes. Si una persona necesita cambiar la manera en que experimenta y percibe el mundo, el reiki la ayudará. Recuerde que el reiki no está aliado a ninguna religión en particular, está aquí para todos sin importar el tipo de creencia cultural o religiosa. No necesita creer en algo para beneficiarse del reiki.

Ocasionalmente encontramos personas con quienes nos sentimos incómodos —y algunas que simplemente no nos caen bien—. Si enfrenta esta situación con su paciente, no se afectará la calidad del reiki que éste recibe, pero obviamente se verá afectada la relación paciente-terapeuta. Trate de ser un buen doctor y desarrolle una relación cálida, amigable y profesional con todos sus pacientes. La situación en que se encuentra también sirve para descubrir más acerca de usted mismo. Pregúntese: "¿Por qué no me gusta esta persona? ¿Qué me dice esta situación acerca de mí mismo?"

A menudo las personas y situaciones que nos son difíciles de manejar son reflejos de alguna parte de nuestra mente que no entendemos completamente. Éste es también el caso de las personas por las que sentimos cariño, o de quienes dependemos para nuestra felicidad y paz mental. La mayoría de nuestras relaciones tienen que ver con aspectos de necesidad o aversión. A menudo necesitamos la aprobación o simplemente la presencia de otras personas para sentirnos seguros, felices y realizados, y es fácil pensar en muchas cosas que no aprobamos o nos disgustan en los demás. No tenemos que ser completamente autosuficientes o confiar íntegramente en otras personas para mantener nuestro bienestar; hay un punto medio. La igualdad es un buen atributo que podemos desarrollar y aplicar en todas las áreas de la vida. Si tratamos de cultivar una actitud amigable, cálida y equilibrada hacia todos los que nos rodean, las relaciones que tendremos serán naturalmente armoniosas.

Crear un propósito para el tratamiento

Después del primer o segundo tratamiento, si piensa que el paciente entenderá, puede explicarle cómo crear un propósito para el reiki antes de iniciar la sesión, y cómo puede ser usado a manera de ayuda para nosotros mismos y nuestros parientes o amigos. Esto también puede ser una oportunidad para que el paciente considere la posibilidad de una causa interna y una solución a su problema, y cómo dirigir y trabajar estas ideas, aumentando el potencial de ayuda del reiki. Sin embargo, es bueno recordar que este proceso interactivo es bastante natural y no debería ser forzado. El reiki probablemente hará que se origine espontáneamente, si es el momento adecuado.

Antes o durante el tratamiento puede fijar propósitos para usted mismo, para su paciente, o para otras personas. No se limite; use su imaginación; mande reiki a dondequiera para cualquier propósito. Si desea algo simple (a menudo es lo más efectivo), use uno de los siguientes propósitos, o uno similar con el que se sienta bien:

Que todos los seres vivientes se beneficien de este tratamiento de reiki.
Que este tratamiento de reiki sea para el mayor bien.
Que yo sea un canal de reiki puro, y que esta persona reciba todo lo que necesita para su mayor bien.

Examinar el aura

Una vez que el paciente esté listo, es posible examinar el aura alrededor del cuerpo para valorar áreas que pueden necesitar más reiki. El aura es un campo de energía vital que rodea el cuerpo de los seres vivos y otros objetos que poseen energía, por ejemplo árboles, flores, cristales, y la tierra misma.

Aura es la palabra latina para brisa o respiración. Algunos textos budistas se refieren a la energía vital como "viento sutil". El diccionario de la Academia Española define aura como una "emanación sutil, la atmósfera que asiste a una persona o es difundida por ésta, en un uso místico o espiritualista, como una envoltura del cuerpo o el espíritu". Algunas personas sensibles pueden ver directamente el color, la forma y la textura de un aura, y usan esta habilidad para diagnosticar desequilibrios de energía mental y emocional antes que se manifiesten como enfermedades físicas. También la fotografía kirlian, que ahora es muy conocida, nos permite fotografiar físicamente auras. Hay disponibles libros excelentes acerca del aura, los campos de energía y los chakras, pero un conocimiento detallado en estos campos no es necesario para llegar a ser sanador de reiki.

Para examinar el aura, simplemente coloque las palmas de la mano hacia abajo sobre el cuerpo de su paciente, y muévalas lentamente de la cabeza a los pies. Debe sentir un ligero "cojín" de energía cubriendo el cuerpo. Puede lograrlo subiendo y bajando lentamente sus manos hasta tocar sólo la superficie del campo de energía. Puede tener que practicar un poco antes de observar esto fácilmente. Es importante que esté relajado y "abierto" a recibir la energía. También puede practicar con su propio cuerpo. Con los dedos juntos mueva las manos frente a frente pero separadas; al poco tiempo debe sentir el cojín entre ellas. Si no es así, trate de estimular los chakras palmares masajeándolos suavemente con un movimiento circular, o frote vigorosamente sus manos entre sí. Ensaye esto en el resto de su cuerpo, especialmente en las áreas alrededor de los chakras. Si siente algún desequilibrio, dé reiki en dicha área.

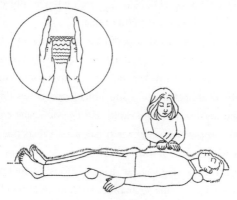

Figura 6.1 Examinar y sentir el aura.

No es esencial examinar el aura antes del tratamiento, ya que el reiki naturalmente se concentrará en las partes del cuerpo y la mente que más lo necesitan. Si cree que la persona que va a recibir el tratamiento puede sentirse incómoda, entonces no lo haga, o incorpórelo después de los dos o tres primeros tratamientos.

Aliviar desequilibrios energéticos

Si mientras examina el cuerpo del paciente, el campo de energía baja o sube excesivamente, se siente frío, caliente, vacío, o parece vibrar vigorosamente, es una buena señal de que sería útil dar reiki adicional en esas áreas. Sin embargo, esto usualmente no indica que esté presente un problema físico, así que no es necesario mencionarle al paciente dicho desbalance, pues podría causarle una gran preocupación.

Un desequilibrio de energía puede sólo ser una manifestación de tensiones mentales o emocionales, recientes o del pasado, que no han tenido oportunidad de aliviarse. Es mucho más fácil para el reiki ayudar a la persona a curar y liberar estos problemas mientras existan en un plano mental y emocional. Con el tiempo estos problemas —si no son tratados— pueden manifestarse a nivel físico, sin embargo no podemos estar seguros hasta qué punto.

Si piensa que puede haber un problema físico grave no detectado, trate de no alarmar al paciente. Motívelo discretamente a que visite su doctor, especialmente si él también piensa que algo está mal. Además, el paciente nunca debe tener miedo de ver otro doctor para obtener una segunda opinión acerca de su actual condición médica. Si usted es un terapeuta complementario profesional, todas las personas que buscan ayuda para casos de enfermedades graves, deberían visitarlo después o mientras estén recibiendo tratamiento médico.

Crear un canal abierto

El reiki fluye naturalmente tan pronto como tenemos la intención de darlo, o cuando colocamos las manos sobre o cerca del cuerpo del paciente. Ésta siempre es una experiencia agradable, y se sigue sintiendo única, nueva, y especial después de años de practicar reiki.

Después de los dos primeros tratamientos con la misma persona, podría notar el reiki fluyendo más fuerte y libremente. Esto puede ser debido a que el paciente se siente más relajado, o que los problemas están siendo resueltos y liberados. Cuando damos reiki debemos ser un canal despejado para la energía. Esto sucede muy naturalmente después de que hemos tomado el curso de primer grado. El reiki siempre trabajará por el mayor bien, sin embargo hay algunas cosas que podemos hacer si deseamos adoptar un papel más interactivo, o sentimos que la energía debería fluir más libremente de nosotros.

- Consuma menos carne roja, alcohol, cafeína y cigarrillos. Inténtelo al principio por algunas semanas y observe si nota alguna diferencia en usted.
- Aprenda a meditar un poco diariamente.
- Haga regularmente ejercicios suaves como caminar, nadar, yoga, tai chi, etcétera.
- Fije un propósito claro y honesto para el mayor bien antes del tratamiento, y diga o piense una oración corta si así lo desea.
- Mantenga el cuerpo y la mente abiertos y relajados durante el tratamiento.
- Trate de no controlar o dirigir mentalmente el reiki para otra cosa que no sea su propósito original, a menos que esté familiarizado con el segundo grado de reiki o técnicas curativas similares.

- Confíe en que el reiki se dirigirá a donde más se necesite física, mental y emocionalmente.
- Recuerde que es importante un constante autotratamiento y recibir reiki de otras personas.
- Trate de no esperar los resultados que desea, sea paciente, y disfrute pero no se aferré demasiado a los buenos resultados.
- Al final de cada tratamiento recuerde dedicar o dirigir brevemente los efectos futuros de su buen karma (acciones positivas) a una buena causa.

Si puede tener en la mente estos puntos, no sólo serán positivos y duraderos los resultados de sus tratamientos, también ganará gran beneficio personal por tratar a los demás. Su capacidad para canalizar el reiki aumentará continuamente, al igual que su sabiduría, compasión y energía.

Sabiduría intuitiva para curar

Dadas las condiciones adecuadas, todos tenemos la habilidad natural para autocurarnos. En cierto modo ser practicantes de reiki nos faculta para proveer estas condiciones curativas cuando otras personas no pueden inicialmente ayudarse por sí mismas. La presencia del reiki estimula o nutre nuestra sabiduría intuitiva para curar (y también la de los demás). Entre menos interfiramos con este proceso mejores serán los resultados. Demasiados consejos bien intencionados pueden confundir a personas que tal vez ya están tratando de manejar una enfermedad difícil y cambios en el estilo de vida. No siempre sabemos lo que es mejor para los demás.

A menudo queremos dar lo que otros no necesitan, y tratar de suministrar respuestas puede disminuir la habilidad de las personas para resolver sus propios asuntos. Con el reiki, hasta cierto punto el practicante puede dejar de ser un solucionador de problemas y convertirse en un "habilitador" o simplemente un testigo de la curación. Esto les permite a las personas crear el canal de reiki que realmente necesitan para transformar su propia situación física, mental o emocionalmente. Esta curación sostenible le permite al individuo desarrollar consciente o inconscientemente las cualidades que necesita para ayudarse a sí mismo. También le suministra el poder para tratar problemas similares en el futuro. Al comienzo puede ser un proceso lento, pero el alivio de los problemas internos crea gradualmente la base para una curación general profunda y duradera.

Ser un canal para el reiki puede en principio parecer desconcertante, y usted tal vez se pregunte: "¿Cuál es mi trabajo y cómo lo hago?" Con un poco de experiencia podrá adquirir mucha confianza en el proceso de dejar fluir la sabiduría del reiki y las verdaderas necesidades de su paciente, sin "meterse en el camino" de dicha relación. Si hace esto, siempre estará trabajando por el mayor bien. Cada tratamiento lo convertirá en un ser humano más completo y abierto, y por consiguiente más capaz de ayudar a los demás. ¡Éste es su trabajo!

Terminar el tratamiento

Con la experiencia sabrá cuándo ensayar nuevas posiciones que intuitivamente sienta que sean apropiadas. Aunque las piernas y los pies no son cubiertos por las doce posiciones básicas, es buena práctica dedicar otros cinco minutos llevando la energía hacia las rodillas y los pies. Experimente y encuentre una manera cómoda de hacerlo. Sabemos que los pies son una puerta a la totalidad del cuerpo, y tratarlos por medio de la reflexología y el reiki puede producir efectos beneficiosos a la mente y el cuerpo.

Es importante que el practicante de reiki esté relajado y cómodo mientras da un tratamiento. Si el paciente está acostado, siéntese en una silla al lado de él mientras trabaja las primeras cuatro o cinco posiciones y los pies. Descanse sus brazos y codos sobre el borde del sofá, la mesa de tratamiento, la cama, o cualquier cosa que esté usando su paciente. Si prefiere estar sentado, use una silla de oficina para moverse alrededor del cuerpo de la persona, pero no apoye el peso de sus brazos en él. La mayoría de practicantes suelen estar parados mientras tratan al paciente.

Al igual que en el autotratamiento, es importante no perder contacto con el cuerpo mientras se cambian las posiciones de las manos. Mantenga los dedos juntos a lo largo del tratamiento. Después de la octava posición deberá pedirle al paciente que dé la vuelta lentamente. Si se ha quedado dormido, tóquele suavemente el hombro; esto es usualmente suficiente para despertarlo. Ayudar físicamente a voltear a su paciente le permitirá mantener contacto con el cuerpo, y evitar que el paciente se caiga del sofá si está soñoliento. Si el paciente tiene una almohada bajo las rodillas, quítela y deje que la persona se acomode otra vez antes de continuar el tratamiento. La sesión usualmente finaliza en los pies, pero en algunos casos un par de minutos de reiki sobre la cabeza, especialmente en la frente, pueden ser de gran ayuda para aclarar una mente soñolienta. Ésta es también una buena oportunidad para ofrecer mientras el reiki está aún fluyendo.

Limpiar el aura

Cuando el tratamiento haya finalizado, puede limpiar el aura para eliminar energía negativa que pudo haber sido liberada durante la sesión. Esto es similar a examinar el aura, pero las palmas deben apuntar hacia los pies mientras se limpia el aura (removiendo energía negativa), y estar planas al regresar los brazos. Trabaje lentamente movimientos ondulares repetitivos de la cabeza a los pies, con las manos sobre el nivel del campo de energía, pero sin tocar el cuerpo.

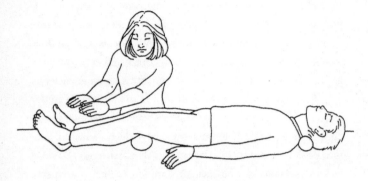

Figura 6.2 Limpiar el aura.

Cuando llegue a los pies debe estirar suavemente sus manos hacia el suelo, liberando de este modo la energía negativa acumulada. Fije un propósito breve para que el reiki la limpie, de tal forma que no se acumule en la habitación después de varios tratamientos. La energía vital de ciertos cristales como la amatista, tiene un efecto limpiador en las habitaciones donde se encuentran. Estos cristales también pueden ser limpiados después de mucho uso.

Crear un espacio sagrado

Es buena práctica que lave sus manos después de los tratamientos, esto ayuda a limpiar energía negativa remanente. De nuevo, puede tocar el hombro del paciente si éste no se ha dado cuenta que el tratamiento ha finalizado; dígale que se siente lentamente y luego se ponga de pie. Tenga agua y algo de comer a la mano (por ejemplo galletas), pues un poco de azúcar y líquido pueden ayudar a que la persona "vuelva en sí" después de un relajante tratamiento. Esto es especialmente importante si el paciente va a conducir hacia su casa.

Si está haciendo tratamientos sucesivos, dese unos pocos minutos de reiki entre cada uno, y fije un propósito para que la habitación sea limpiada. Esto da tiempo para que la energía limpie su propia aura de lo que usted o su anterior paciente hayan liberado durante el tratamiento. De este modo se está creando un espacio sagrado para la siguiente persona. También es importante porque le da un poco de tiempo para descansar. Dar mucho reiki no es usualmente agotador, pero puede acelerar su propio proceso de transformación, y esto puede hacer que se desoriente un poco.

Así que si siente que esto sucede y puede ocurrir en otras ocasiones, no sólo cuando está dando reiki, puede fluir con la experiencia, o fijar un propósito para ir más despacio si siente que las cosas se mueven demasiado rápido. Usted tiene siempre la elección y el poder de decidir cuándo, qué tanto y a qué velocidad progresar. Recuerde que el reiki sólo trae lo que podemos manejar, y de lo cual podamos aprender. Aunque inicialmente pueda no sentir el desafío, siempre será más fuerte de lo que cree. Si tiene un poco de valor para enfrentar la autoduda, el reiki definitivamente lo apoyará en todo el camino. Sin embargo no se tensione, encuentre su propia paz, no se afane a cambiar dramáticamente si no está listo. Siempre podrá caminar mucho más lejos de lo que puede correr. Busque el equilibrio, el crecimiento constante.

Aplicar reiki en posición sentada

Usualmente es mejor recibir el reiki acostado, ya que esto permite un nivel más profundo de relajación para el desarrollo de la curación. Sin embargo, algunas personas pueden sentirse más cómodas recibiendo el reiki sentados, particularmente si se sienten vulnerables estando acostados, o si tienen condiciones físicas tales como un problema de espalda. Valore cada caso y deje que el paciente elija la posición que siente más cómoda. Si da reiki a alguien que está sentado, cubra las doce posiciones, pero adáptelas de tal forma que usted y el paciente estén cómodos durante todo el tratamiento. No se preocupe si no puede cubrirlas exactamente; el reiki se dirigirá naturalmente a donde más se necesite. Si su paciente está sentado, párese a un lado o detrás de él para realizar las primeras cuatro o cinco posiciones, luego puede sentarse mientras avanza hacia abajo en el cuerpo del paciente. Es más cómodo tener una mano en el frente y la otra en la espalda del cuerpo. El reiki atravesará el respaldo de la silla como lo hace con la ropa y otras barreras físicas. Sin embargo, es preferible que trabaje de tal forma que permanezca en contacto con el cuerpo.

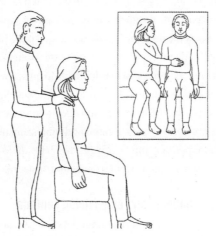

Figura 6.3 Aplicar reiki en posición sentada.

Haga el tratamiento diez minutos en cada una de las posiciones restantes, ya que está trabajando al mismo tiempo las frontales y las traseras. Recuerde que desde el punto de vista del paciente, estar sentado una hora en una posición puede ser muy incómodo. Puede ser más sabio usar tratamientos de media hora; en las circunstancias adecuadas éstos pueden ser igual de efectivos.

Cierre después de los tratamientos

Al final de un tratamiento de reiki, antes que lo cierre, puede fijar una intención mental adicional para sellar, proteger e incluso continuar el proceso de curación. Por ejemplo:

Que esta persona continúe recibiendo todo el reiki que necesite hasta el siguiente tratamiento.

O bien:

Que los efectos de este tratamiento sean sellados y protegidos de cualquier influencia negativa mental o física.

Esto asegura que los efectos del tratamiento continúen y duren mucho más tiempo que el que ha pasado con esa persona.

Recuerde siempre ofrecer la energía positiva que ha creado dando reiki. Hágalo para usted mismo, para su paciente, y para cualquier persona que quiera ayudar. El karma (las acciones de dar y recibir curación) crea una energía potencial especialmente fuerte que, como ya mencionamos, retornará a nosotros como una experiencia positiva algún día en el futuro. Dedique o dirija esta energía para propósitos específicos, o para el beneficio de todos. Para ofrecer simplemente piense:

*A través de esta energía positiva, que todos los seres vivos
experimenten salud y felicidad por mucho tiempo.*

O bien:

*Que este acto de dar beneficie a todos los seres vivos
para su mayor bien.*

De esta forma, un sencillo tratamiento de reiki puede iniciar una
reacción en cadena positiva que indirectamente ayudará a todos
los seres vivientes; es como dejar caer una roca en un estanque
de agua, las ondas avanzan sobre toda la superficie y finalmente
retornarán a la fuente donde se originó la primera.

El poder de escuchar

Sabemos que la inteligencia curativa natural del reiki funciona en
completa armonía con otras terapias, a menudo sin que notemos
sus sutiles intervenciones. Nos ayuda a desarrollar nuestra propia
sabiduría intuitiva, volviéndonos más empáticos y conscientes de
cómo podemos ayudar a los demás. Por ejemplo, a veces podemos
saber que un tratamiento formal de reiki puede ser inapropiado,
y que con sólo escuchar a alguien hablar acerca de su situación es
la mejor manera en que podemos actuar como canales de reiki. El
acto de escuchar es una forma de dar. Ponemos atención con el deseo de ayudar, y esto crea una conexión "energética" que permite
al reiki fluir fácilmente a través de nosotros hasta la persona ne-
cesitada (aura a aura). El acto de pedir ayuda crea una "abertura"
que le permite al reiki entrar en las vidas de nuestros pacientes en
la forma en que puedan necesitarlo.

Este "puente energético" también puede realizarse por teléfono, e incluso sin comunicación verbal. Con alguna experiencia podemos empezar a observar o sentir cuando alguien está recibiendo reiki a través de nosotros sin nuestra intención consciente o el toque físico. Ya que el propósito mismo del reiki es aliviar el sufrimiento, cada vez que hay necesidad de curar y una oportunidad para dar, la energía comenzará a fluir de a través de nosotros. Esto puede suceder en cualquier lugar, cuando estamos sentados o parados al lado de alguien que no conocemos, al ir de compras, mientras esperamos el autobús, o simplemente caminando por la calle. Podemos también encontrar que esto sucede con personas que dicen no querer reiki.

Cada vez que ocurre este tipo de acción curativa espontánea es una experiencia muy agradable y natural; sólo relájese y disfrútela. También podemos experimentar esta reacción con construcciones, lugares, u otros objetos inanimados que necesitan reiki, especialmente si están conectados a actividades humanas negativas del pasado, como batallas, crímenes, disturbios, accidentes de tránsito, etcétera. Cuando experimentemos este suceso podemos fijar un propósito y ofrecerlo después; sin embargo es buena idea no involucrarnos demasiado mentalmente, podemos aprender mucho con sólo abrirnos a la experiencia, y estar con el reiki.

Aliviar por medio de reiki eventos pasados

Eventos que han ocurrido hace mucho tiempo también pueden necesitar reiki. Usted puede brindar ayuda con sólo estar en estos lugares. El reiki puede actuar más allá del marco del tiempo y el espacio, para curar, dispersar y transmutar energía negativa y la atmósfera remanente de experiencias negativas del pasado.

Si nos encontramos en un lugar que necesita reiki, sentiremos que empieza a fluir a través de nosotros naturalmente. Si se siente bien con lo que experimenta, entonces permanezca en su sitio hasta que el proceso termine. Si no es así, aléjese y fije un propósito para que ese lugar (o situación pasada) reciba el reiki que necesita para el mayor bien. Eso será suficiente.

Cuándo dar reiki

Aliviar personas y lugares es como curar una parte de uno mismo. Esto acelera nuestro crecimiento personal y el proceso de aprendizaje. Si se siente listo para dar reiki constantemente, fije un propósito para atraer a las personas que quiere ayudar. Si no se acercan a usted, probablemente no es el momento adecuado. Tal vez necesita más tiempo en su propio desarrollo, o posiblemente no es su camino practicar el reiki con regularidad. El reiki trabaja en armonía con nuestra vida cuando tomamos el primer grado. No necesitamos hacer grandes cambios, ya que el reiki sacará lo mejor en nosotros, sin importar cuáles sean nuestros otros intereses. ¡Simplemente sea usted mismo!

No es buena idea ofrecer reiki si piensa que las personas pueden no ser receptivas o tal vez se burlarán. No sea reservado, explique conversando con naturalidad lo que hace y deje que las personas se acerquen si están listas para el tratamiento. El reiki es un regalo muy preciado, por eso debemos valorarlo y tratarlo con respeto. Esta energía es para el beneficio de todos, sin embargo hay que conservarlo en un lugar seguro como algo de gran importancia para nosotros, y mostrarlo a quienes lo aprecien o necesiten.

Si adopta esta actitud de silencio y respeto, definitivamente tendrá mayor entendimiento y experiencia sobre la esencia del reiki. También es importante considerar que quienes viven una vida sencilla como parte normal de una familia o comunidad, a menudo son aptos para ser los más profundos y efectivos practicantes de esta técnica. Ser un curador demasiado exitoso, o tener un gran sentido de autoimportancia como practicante de reiki, puede crear muchos obstáculos internos y externos en su progreso espiritual.

Vislumbrar nuestra verdadera naturaleza interior

Entender la naturaleza sagrada del reiki es necesario para convertirnos en practicantes más completos. A veces, mientras progresamos, experimentamos un "acercamiento interior" a la fuente del reiki, y en esos momentos nos damos cuenta de que somos muy pequeños y sabemos poco acerca de la esencia de esta energía. Sin embargo, así como una gota de lluvia es de la misma naturaleza de los océanos, y se une inseparablemente a ellos, nos damos cuenta que somos más de lo que hemos imaginado; podemos vislumbrar nuestra naturaleza interior y la de los demás.

Usualmente hay una fuerte conexión entre los problemas que las personas traen (como curadores) y nuestros propios asuntos. Si parece que atraemos personas con dificultades similares, es una indicación de que tal vez necesitemos avanzar también en esas áreas. No podemos esperar que otras personas mejoren si no estamos preparados para desafiar nuestras propias deficiencias.

No tenemos por qué ser perfectos, pero sí estar preparados para aprender más acerca de nosotros mismos. Nunca debemos ser soberbios por ser curadores, o actuar de manera superior. Esto puede ser una barrera para nuestra propia curación y el mejoramiento de nuestras habilidades curativas. Si somos honestos respecto a las debilidades que tenemos, sin ser duros con nosotros mismos, y si podemos compartir los problemas y pedir ayuda cuando la necesitamos, entonces será mayor la habilidad para curarnos y aliviar a otras personas.

Curar a distancia

Con el primer grado de reiki podemos enviar reiki a personas que lo necesitan con sólo visualizarlas en la palma de la mano, o con nuestras manos en la parte del cuerpo que puede necesitar alivio. Fije un propósito mental para que esa persona reciba todo el reiki que necesita. A veces tener una fotografía del receptor con su nombre escrito en la parte de atrás puede ayudar a crear una conexión más fuerte con él.

Esto también se aplica a situaciones distantes que sentimos que necesitan energía curativa. Por ejemplo, las guerras, los desastres y otros problemas que oímos o vemos en las noticias. Si en la calle encontramos a alguien que realmente necesita ayuda, podemos enviarle reiki de la misma forma (vea también la sección de visualización, capítulo 9).

Avanzar a la práctica profesional

Un conocimiento básico de anatomía, fisiología y las enfermedades comunes, puede ser muy útil si trata a personas con regularidad. Si tiene la intención de practicar profesionalmente, puede ser difícil adquirir una póliza de seguros, a menos que haya terminado un curso de estudios de anatomía y fisiología. La mayoría de colegas con educación superior siguen dichos cursos. Si ya está calificado y practica una terapia complementaria, simplemente envíe a su compañía de seguros una copia de su certificado de primer grado, y ellos extenderán su póliza para cubrir el reiki, a menudo sin costo adicional.

También puede ser muy valioso estudiar cursos básicos de atención al paciente y especialmente sobre formas de dar sugerencias. Hay excelentes libros disponibles sobre éstos y otros temas, entre ellos, el papel que juegan otras terapias complementarias, técnicas de autoayuda para mejorar la salud, la conexión mente-cuerpo, y la manera en que diferentes culturas ven la causa y la cura de las enfermedades.

La causa y la cura de la enfermedad

Algunas personas no siempre pueden obtener lo que quieren del tratamiento con reiki, o lo que les gustaría recibir. El reiki sólo funciona para el mayor bien del practicante y el paciente, y esto se aplica también a los resultados del tratamiento. La causa de todas las enfermedades tiene su raíz en la mente, y ahí también yacen las respectivas curas. Si la mente no está dispuesta a cambiar, consciente o inconscientemente, la enfermedad no será curada, o podremos lograr sólo un alivio temporal.

Parece que todos tenemos el deseo de estar sanos, sin embargo muy pocas personas se conocen a sí mismas lo suficientemente bien, para reconocer que su enfermedad es una expresión de alguna parte de su propia mente que no desea estar bien, o que no sabe cómo lograrlo. Podemos "reenseñarnos" a estar bien, si tenemos la voluntad de buscar las respuestas interiormente, y no pasar a otros la responsabilidad de nuestra salud.

El reiki funciona en todos los niveles, pero primero en el mental y emocional. No se sorprenda si una condición física no desaparece de la noche a la mañana. El reiki estimula el mejoramiento a largo plazo, ayudando a la persona a dirigir, curar y liberar lo que inicialmente causó el problema; esto puede suceder conscientemente, o de una manera muy sutil. A veces todo lo que podemos hacer es ayudar a que la persona aprenda a aceptar la enfermedad y convivir con ella. Nunca debemos considerar esto como un fracaso; es un triunfo que la calidad de vida del individuo mejore un poco.

La duración y frecuencia de un tratamiento depende de la necesidad del paciente y de nuestra preparación. Para una condición grave, se sugiere que demos cinco tratamientos la primera semana, cuatro la segunda semana, y así sucesivamente hasta una vez a la semana, o hasta que no haya señales del problema original. Obviamente esto no siempre es práctico, así que es suficiente empezar con uno o dos a la semana.

Curación emocional y mental

Durante el tratamiento su paciente puede recordar eventos traumáticos y momentos muy felices como parte del proceso de curación. Aunque tal vez no parezcan relacionarse con la enfermedad que estamos tratando, pueden ser muy relevantes. Estos recuerdos sólo aparecen como películas en la mente, y pueden ser fácilmente reconocidos, aceptados y liberados. Por lo general no hay necesidad de analizar o revivir emocionalmente estos eventos, a menos que el paciente lo desee. Es bueno detener el tratamiento si hay una liberación emocional, y pueden pasar el resto del tiempo hablando y tomando té.

Tratamientos a niños y animales

Podemos dar a un niño el mismo tratamiento de los adultos; sin embargo, a menos que esté muy enfermo, el tiempo de atención debe ser menor a una hora y el paciente debe estar quieto. Por esta razón podemos dar a los niños tratamientos más cortos y frecuentes, o realizarlos cuando estén dormidos o sentados en las rodillas de sus padres. Dar reiki a un bebé sosteniéndolo en los brazos es una experiencia muy especial.

Si no conocemos bien al niño debe estar presente un padre o tutor durante el tratamiento. No es sorprendente que los niños sean más intuitivamente sabios respecto al funcionamiento del reiki, y por consiguiente esta confianza produce a menudo resultados más rápidos.

Si desea dar tratamiento a un animal, simplemente coloque sus manos sobre o alrededor de él, dependiendo de lo grande que sea. Los animales parecen saber qué tanto reiki recibir. A menudo se apoyan sobre nosotros un rato y luego se marchan cuando el tratamiento ha terminado. Incluso pueden colocarse de tal forma que la parte que necesita alivio quede debajo de sus manos. También podemos curar a distancia a los animales.

Si un animal está realmente enfermo, dele tratamientos constantes y realícelos de la cabeza a la cola; la energía se dirigirá donde más se necesita. El reiki también puede aliviar tensiones y dolor; esto es particularmente importante si un animal está muriendo. Una muerte tranquila es un regalo especial.

Posiciones frontales para tratamientos a pacientes

Figura 6.4 Ojos

Siéntese detrás de la cabeza de su paciente para realizar las primeras cuatro posiciones. Coloque las manos sobre la cara del paciente, o apenas tocándola, de tal forma que las palmas le cubran los ojos, pero sin restringirle la respiración a través de la nariz.

Figura 6.5 Sienes

Mueva ligeramente sus manos y cubra las sienes con las palmas, tocando
con los pulgares el centro de la frente. Alternativamente, coloque las palmas
sobre las orejas y mantenga juntos los dedos.

Figura 6.6 Base del cráneo

Mueva lentamente la cabeza de su paciente hacia un lado, de tal forma
que una mano sostenga el peso de la cabeza mientras desliza la otra debajo
de la base del cráneo. Mueva suavemente la cabeza sobre la mano bajo la base del
cráneo, y deslice la que está libre para encontrarla, de tal forma
que la cabeza esté derecha y sostenida, como acunada.

Figura 6.7 **Cuello y garganta**

Invierta el procedimiento anterior para quitar las manos de la posición
en la figura 6.6. Lleve las manos a cada lado del cuello de tal forma que sus dedos
toquen el centro de la garganta. El contacto debe ser suave.

Posiciones de las manos para tratar a otras personas

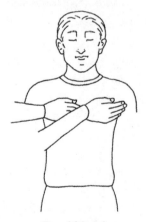

Figura 6.8 **Corazón**

Párese y muévase a un lado del paciente mientras mantiene aún contacto
con el cuerpo. Coloque las manos una frente a la otra en el área del corazón,
de tal forma que las yemas de los dedos de la mano más cercana toquen
la base de la otra palma en el centro del cuerpo.

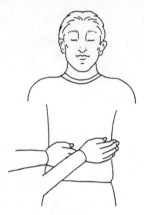

Figura 6.9 Plexo solar

Mueva las manos hasta el área del plexo solar, justo abajo
del centro del esternón. Si está dando tratamiento a una mujer, tenga
cuidado de no tocar sus senos mientras cambia la posición.

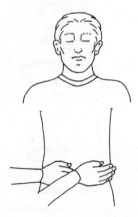

Figura 6.10 Ombligo

Deslice las manos hasta el área bajo el ombligo.

Figura 6.11 Ingle

Separe las manos del cuerpo en esta posición, a menos que esté tratando
a alguien que conozca bien, colóquelas formando una V sobre el área de la ingle.
Durante unos minutos permita que fluya reiki a las rodillas y los pies del paciente
antes de pedirle que se dé la vuelta suavemente.

Posiciones en la espalda para el tratamiento a pacientes

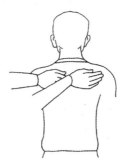

Figura 6.12 Parte superior de los hombros

Trate de mantener contacto con el cuerpo mientras el paciente se voltea, y luego lleve
las manos a la parte superior de los hombros, de tal forma que estén en línea o formen
una V. Alternativamente puede hacer esta posición más abajo, a nivel del corazón.

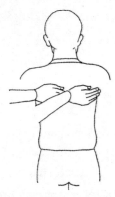

Figura 6.13 Debajo de los omóplatos

Esta posición corresponde al área del plexo solar, aproximadamente a medio camino en la espalda, o más arriba hasta los omóplatos, si ese sector necesita más curación.

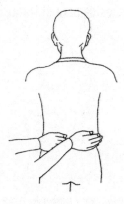

Figura 6.14 Cintura

Esta posición debe ser a nivel o justo debajo del ombligo, por la línea de la cintura.

Figura 6.15 Coxis

Deslice sus manos hacia abajo de tal forma que queden cerca, al nivel del coxis.

Toque sólo esta área si está tratando a alguien que conoce bien.

Para finalizar permita que fluya reiki en las rodillas y los pies

durante unos cuantos minutos.

LOS CINCO PRINCIPIOS
DEL REIKI

Como se mencionó anteriormente, los siguientes pasos deberán ser considerados y repetidos diariamente, una vez en la mañana y otra por la noche:

No se enoje hoy.

No se preocupe hoy.

Sea agradecido hoy.

Trabaje duro hoy (práctica meditativa).

Sea bueno con los demás hoy.

Una espiral ascendente

Para ayudarnos a obtener el máximo beneficio del reiki, podemos usar los cinco principios como guía para una práctica más comprometida y responsable. Como se explicó en el capítulo 1, el reiki puede mejorar la calidad de nuestra mente, ayudándonos a ser más positivos y creativos en todo lo que hacemos. Sabemos que el reiki hace esto purificando y mejorando las energías vitales internas, las cuales tienen un efecto correspondiente en nuestros pensamientos y acciones, y en la manera en que experimentamos y percibimos el mundo que nos rodea. Una buena representación simbólica de esta relación interdependiente entre la conciencia y la energía interna, podría ser el símbolo chino del yin-yang.

Podemos estimular este proceso de limpieza interior buscando intencionalmente crear una perspectiva sana y positiva, practicando los cinco principios del reiki. Las intenciones constantes para desarrollar buenas actitudes, seguidas por acciones positivas del cuerpo y la mente, finalmente crearán energías internas fuertes y saludables. Esto nos permite tener un mayor nivel de reiki, que a su vez profundiza el proceso de limpieza, y por consiguiente mejora y apoya nuestras intenciones mentales positivas. Las buenas intenciones y la presencia del reiki crean una espiral ascendente de apoyo mutuo hacia la salud y el bienestar interior y exterior.

Reiki Constante
(Aumenta la calidad de la energía interna y crea una perspectiva creativa positiva)

+

Perspectiva positiva
(Aumenta la calidad de las energías internas y mejora el nivel del reiki)

=

Salud y bienestar
(Espiral ascendente continua y positiva)

La sabiduría pura de los principios

La importancia de los principios del reiki es enfatizada en la inscripción conmemorativa del doctor Usui. El emperador Meiji, de Japón, originalmente ideó los principios como una guía fácil de recordar para desarrollar una visión pacífica, relajada y positiva —básicamente como vivir una vida con significado y realización—.

Un estado mental positivo es aquel que trae felicidad duradera al individuo y a los demás. Si adoptamos estos principios como parte de nuestra práctica con el reiki, la sabiduría, la compasión y el poder dentro de ellos pueden guiarnos y apoyarnos, no sólo en la práctica de este sistema curativo, también en los demás aspectos de la vida diaria.

Los principios del reiki son sabiduría pura; cada uno tiene una esencia o energía especial. Tal vez el doctor Usui los enseñó para ayudarnos a entender la importancia de ser responsable por nuestras acciones, y a desarrollar nuestro potencial usando reiki para el mayor bien.

Si usamos el reiki de acuerdo con los cinco principios, nuestra motivación será naturalmente correcta, y los resultados de nuestras acciones siempre buscarán el mayor bien. Si adoptamos los principios viviremos de acuerdo con la intención final del reiki: beneficiar a todos los seres vivos. Todos nuestros propósitos con el reiki serán alcanzados más rápida y fácilmente, y nuestros pensamientos y las acciones con el tiempo serán una expresión pura y natural de nuestras buenas intenciones.

Aunque los principios parecen simples, contienen las enseñanzas esenciales de todas las grandes tradiciones espirituales. Si usamos reiki con regularidad, con un deseo auténtico de aprender más acerca de nosotros mismos y beneficiar a los demás, estas realizaciones llegarán naturalmente.

Las cinco intenciones del Reiki

Si encuentra que su salud u otros problemas no están mejorando, y se está dando tratamientos con regularidad, necesitará espacio y tiempo de quietud para encontrar una solución. Al usar los cinco principios del reiki puede identificar las cualidades que necesita para superar las dificultades que está enfrentando. Si continúa progresando, esas cualidades pueden ser un verdadero refugio cuando enfrente futuros desafíos.

Una vez que hemos identificado los principios más aplicables a nuestra situación, podemos transformar los cinco principios en las cinco intenciones:

Hoy estoy tranquilo.
Hoy estoy relajado.
Hoy estoy agradecido.
Hoy trabajo duro (práctica meditativa / espiritual).
Hoy soy bueno con los demás.

Use las cinco intenciones del reiki para los asuntos que está tratando en la misma forma que fijaría y usaría una intención reiki normal. Si desea desarrollar una intención particular, es útil meditar sobre ella diariamente (como será explicado posteriormente en el capítulo 9). Use también las cinco intenciones cuando enfrente repentinamente una situación difícil que desafíe su paciencia; cuando esto suceda recuerde la intención "hoy estoy tranquilo". Si ha fijado esta intención y se ha familiarizado con ella durante sus meditaciones o sesiones de reiki, con sólo recordarla estará calmado y relajado.

El viento del reiki

Cada principio está abierto a la interpretación personal, si los consideramos debemos ser honestos respecto a nuestras fortalezas y debilidades. Los principios no pretenden limitarnos; en realidad es todo lo contrario. Siguiendo estas pautas desarrollamos cada vez mayor paz y alegría interior, y podemos manejar los problemas de manera positiva. Al experimentar la esencia de estos principios vivimos en armonía con el mayor bien, y esto nos hace más hábiles para beneficiarnos del reiki.

Si dejamos que el reiki toque nuestras vidas de esta forma, podemos iniciar la espiral ascendente hacia el bienestar y la salud. Como un ave, podemos aprender a usar el viento del reiki para volar sin esfuerzo hacia nuestro destino. Aunque hay escrituras budistas y védicas que hablan de épocas más abiertamente espirituales, cuando era común para los yoguis avanzados, con energías internas puras, viajar volando cuando era necesario. También hay datos acerca de famosos místicos o santos cristianos que realmente flotaban en el aire mientras oraban. Éste es un claro vínculo entre la oración sincera y la meditación, nuestras energías internas y el desarrollo de la conciencia espiritual.

Aplicar los cinco principios (o las cinco intenciones) en conjunto con tratamientos constantes de reiki sobre nosotros mismos y los demás, puede ayudarnos a aumentar la sabiduría, la compasión y la fortaleza interior. Al desarrollar estas tres raras y preciadas cualidades viviremos de acuerdo con el mayor bien y la expansión de la felicidad para todos.

La felicidad es simplemente un estado mental. Con cada principio abandonamos un estado negativo, y cultivamos en su lugar la felicidad. El mensaje general es bastante simple:

Abandone la tristeza.
Desarrolle la felicidad.

Desarrollar la conciencia

Liberar hábitos negativos y aprender a desarrollar pensamientos y sentimientos positivos auténticos acerca de nosotros mismos, las circunstancias y los demás, es la clave para la felicidad duradera. Se requiere práctica para desarrollar la conciencia día a día, reconocer nuestros pensamientos en lugar de ser llevados por la corriente infinita de las preocupaciones, distracciones y emociones. Detenerse y examinar el pensamiento a través de la meditación y el reiki es el primer paso hacia la verdadera libertad.

La conciencia hasta cierto punto se desarrolla sin esfuerzo mediante el constante autotratamiento. Nuestras energías internas adquieren más estabilidad, por consiguiente los estados mentales que "acompañan" estas energías se vuelven más puros y positivos, somos más conscientes. Aunque este proceso es natural y gradual, podemos acelerar nuestro progreso desarrollando la conciencia. El espacio y la paz que esto crea en la mente es la base sobre la cual podemos construir la felicidad duradera, aprendiendo a desarrollar sabiduría, compasión y fortaleza interior. Si en realidad deseamos encontrar una solución definitiva a los problemas, aquí está una oportunidad. Si queremos estudiar y practicar este camino hasta el final, debemos consultar a alguien que lo conozca bien y lo enseñe en forma simple y clara (vea el apéndice 1).

Ideas sobre los cinco principios o intenciones del reiki

Es útil que haga notas de cómo percibe el significado de cada principio. Mantenga un diario y regularmente diríjase a él y actualícelo. Esto profundiza y clarifica su conocimiento, muestra su progreso y resalta posibles áreas a mejorar.

¿Cómo se relaciona con cada principio y qué le comunica? ¿Cuáles son sus retos y cuáles situaciones o personas le llegan a la mente con esos principios? La meditación constante sobre un principio en particular, y el autotratamiento con la intención apropiada, es la mejor forma de desarrollar las cualidades que necesitamos para transformar nuestros asuntos personales (vea meditación sobre los cinco principios, capítulo 9). Las siguientes son algunas ideas sobre cada uno de los principios, las cuales podrían ser útiles. Cada principio es seguido por la versión Occidental, entre paréntesis, y por la intención correspondiente al reiki (en letra cursiva).

No se enoje hoy
(Por hoy no se enoje)
Intención reiki: Hoy estoy tranquilo

¿Cuál es el antídoto para la ira? Simplemente la paciencia. Es fácil ver la paciencia como un incómodo estado mental de "apretar los dientes y aguantar", sin embargo la verdadera mente paciente es capaz de aceptar circunstancias difíciles permaneciendo feliz y tranquila. De acuerdo con la situación, esto puede no ser fácil, especialmente cuando nos sentimos justificados, a nuestro juicio por las acciones "equivocadas" de los demás. Sin importar qué tan justificados nos sintamos, la ira es un estado mental molesto. Si hemos sido heridos por alguien, ¿por qué nos herimos aún más sintiendo el dolor de la ira? Tenemos una elección. Seguramente el sentido común nos dice que desarrollemos el estado de la mente que ayudará a sanar la herida más fácilmente.

Si se quema la mano, inmediatamente la coloca en agua fría, y no en caliente. Desarrollar la ira puede sólo causar más conflicto. La paciencia y el entendimiento pueden activamente difundir el enfrentamiento y promover un arreglo o acuerdo. Sin embargo, la paciencia no significa que debemos suprimir la ira. Esto sólo guía al resentimiento, la amargura y enfermedades físicas relacionadas con ésta. La paciencia y el perdón son el camino curativo entre los extremos de suprimir o tolerar la ira y otras emociones negativas fuertes. La práctica de la paciencia es un proceso de profunda transformación; crea una mente tranquila y estable, y nos permite liberar la negatividad sin perdernos en emociones y pensamientos relacionados. La paciencia también nos da el espacio y la claridad mental para juzgar nuestras respuestas a las situaciones desafiantes con sabiduría y honestidad.

Practicar la paciencia significa aceptar y transformar las dificultades diarias en el camino hacia la felicidad personal. Normalmente evitamos cualquier problema o irritación, pero con una constante determinación podemos usar estas oportunidades para aprender a relajarnos, de manera gradual, aceptar, y finalmente acoger la posibilidad de desarrollar una mente pacífica en situaciones difíciles. También podemos purificar rápida y directamente el karma negativo (resultante de nuestras anteriores acciones negativas) que causa las circunstancias desagradables, y al recordar esto podemos mantener una mente tranquila.

La ira es la fuerza más destructiva del hombre; nunca debemos dejar que nos controle. Cuando estamos bajo la influencia de la ira perdemos fácilmente el control de los pensamientos y las acciones, decimos y hacemos cosas que posteriormente lamentamos. Así como un fuego en el bosque comienza con una pequeña chispa, la ira puede desarrollarse tanto en la mente, que fácilmente causa impaciencia y frustración por problemas menores. ¡La ira nos mete en problemas y el orgullo nos mantiene ahí! Es nuestro peor enemigo. Sólo debemos enojarnos por tener ira.

No se preocupe hoy
(Por hoy no se preocupe)
Intención reiki: Hoy estoy relajado

¿Alguna vez la preocupación ha resuelto un problema? Gran parte de nuestra vida está llena de preocupaciones: inquietudes menores de la vida diaria y ansiedades más arraigadas respecto a la salud, la profesión y las relaciones. Muchas personas han tenido sucesos difíciles en sus vidas, y están llenos de pena y culpa. Pero una gran cantidad de estos problemas están fuera de nuestro control inmediato. El futuro es incierto y las cosas rara vez resultan como esperamos. Parte de nuestra atención y energía se pierde llevando el peso del pasado y la preocupación acerca de un "posible" futuro —hasta el punto que ignoramos el presente.

Podemos liberarnos del pasado aprendiendo a aceptar las cosas que nos suceden, aunque sean dolorosas. Estando conformes con lo que tenemos, evitamos antojos e insatisfacción en el presente, y ansiedad por el futuro. Estas ideas simples crean una sensación de paz y libertad en la mente, y si están profundamente arraigadas nos permiten disfrutar por completo la vida. Un maestro budista dijo una vez: "¡No creo que sea posible estar demasiado relajado, siempre que la pereza no sea considerada relajación!" Entre más relajados y contentos estamos, nos acercamos más a nuestra verdadera naturaleza —donde no existe la más pequeña tensión.

Usted podría preguntarse si es necesario preocuparse por los problemas de otras personas. ¿Realmente esto los ayuda? O, en cierto modo, ¿está reduciéndoles la habilidad para que se ayuden a sí mismos? Tener una verdadera confianza en las habilidades de los demás para superar la adversidad es definitivamente más beneficioso que la preocupación. De hecho podemos interesarnos profundamente por el bienestar de otras personas, y esto nos motiva a ayudar en la forma que podamos. El interés es un estado mental beneficioso que guía a la ayuda activa. La preocupación sólo nos mueve en círculos negativos y autoabsorbentes.

Cultivar la compasión

¿Qué es compasión? Desde una perspectiva budista es el deseo de aliviar el sufrimiento de los demás, protegerlos de penas futuras de la manera más sabia posible, y actuar sobre ese deseo. Este anhelo básico es nuestra naturaleza Buda, y es la fuente de muchas realizaciones espirituales. La compasión es una acción sabia del cuerpo o la mente, la cual surge de la empatía o el entendimiento de los problemas de otras personas. Es un estado mental de gran realización y propósito —un largo camino desde la preocupación—. De hecho podríamos ver la compasión como el antídoto de la preocupación.

La preocupación es un estado mental molesto y egocéntrico que restringe el flujo libre de energía vital saludable, trayendo más problemas en el futuro. Por otro lado, la compasión es un estado de la mente amplio, expansivo, feliz, dador y profundamente pacífico, que crea un flujo ilimitado de energía positiva. Si gradualmente tratamos de ser más compasivos, considerando las dificultades y los potenciales peligros que enfrentan todos los seres vivos, entonces podremos liberar y proteger a los demás del sufrimiento. Éste es el poder de la compasión, y la naturaleza del reiki.

Sea agradecido hoy
(Muestre gratitud por todos los seres vivos)
Intención reiki: Hoy estoy agradecido

Cada persona ve el mundo externo de manera diferente. El ambiente que nos rodea parece cambiar dependiendo de nuestro estado mental. Si tenemos ira por alguna razón, sin importar qué tan hermoso sea nuestro alrededor, o qué tan buenas sean las personas con nosotros, sólo sentiremos tristeza. Sin embargo, si tenemos una mentalidad de gratitud, el mundo parecerá un mejor lugar para vivir, incluso si nuestras circunstancias son difíciles; el mundo externo no ha cambiado pero nuestra mente sí. Entender esto es la clave de la felicidad duradera.

Desarrollar un sentido de gratitud hacia los demás y al mundo en que vivimos es como acumular un tesoro en la mente. Esto mantiene la mente "libre" y positiva, y evita la depresión si las condiciones externas son difíciles. Un "problema" es sólo un juego de circunstancias desafiantes vistas con mente negativa. Si reducimos la tendencia a ser negativos y aumentamos el sentido de gratitud, tendremos menos problemas. La gratitud es una "mentalidad para dar"; cuando nos apreciamos y valoramos a nosotros mismos y a la vida, amamos y apreciamos a los demás.

Agradecer nuestra fortuna en lugar de meditar en los problemas, nos genera un estado de felicidad.

Familiarizar la mente con la alegría nos ayuda a permanecer relajados y con paz interior en medio de los azares de la vida. Cultivar la alegría realmente corta la raíz de muchos de los problemas diarios.

Trabaje duro hoy (práctica espiritual)
(Gánese la vida honestamente)
Intención reiki: Hoy trabajaré duro

Esta esencial práctica espiritual de todas las religiones desarrolla compasión. No hay algo más positivamente poderoso que la compasión guiada por la sabiduría. Una mente sabia es consciente que para realizar deseos compasivos para el bienestar de los demás, debemos desarrollar todo nuestro potencial como seres espirituales. Si nuestro deseo es lo suficientemente fuerte, y tenemos condiciones, métodos, instrucción y dirección, podemos lograrlo en una vida. Se dice que es más fácil alcanzar la iluminación total en una vida que lograr otro renacimiento humano. Así que no hay duda de que tenemos una oportunidad muy especial.

Este principio recalca principalmente el valor de la vida, y nos pide valorar nuestras prioridades antes de que sea demasiado tarde. No sabemos cuánto tiempo vamos a vivir, muchos jóvenes mueren antes que sus padres. Rara vez pensamos o reconocemos la muerte como una posibilidad diaria. Indudablemente somos muy autocomplacientes respecto a la muerte, todos creemos que estaremos aquí mañana, pero muchas personas no lo estarán. Todo lo que tenemos es el día de hoy; deberíamos recordar esto todas las mañanas al despertar. Tal vez por esto todos los principios del reiki incluyen la palabra "hoy"; ser conscientes de la muerte como una posibilidad diaria, realmente concentra la mente y nos ayuda a ver de manera clara la importancia de mejorar ahora y usar la vida sabiamente.

Quizá ignoramos la muerte porque nos hace sentir mal o nos atemoriza, pero si no estamos en cierta forma preparados, será un gran golpe y una experiencia muy dolorosa. En el momento de la muerte nos sentiremos solos y perdidos, no sabremos qué hacer o a quién pedir ayuda. Tener una práctica espiritual diaria y sincera, disfrutando totalmente la vida y refugiándonos en una honesta relación con Dios, Buda, Alá, nuestra propia naturaleza superior, o lo que percibamos como el mayor bien, es la mejor manera de llevar una vida con significado, y prepararnos para la muerte y la siguiente vida. El doctor Usui sabía la importancia de esto, y debe haberlo enseñado a sus estudiantes como parte integral del reiki.

La versión occidental de este principio, "gánese la vida honestamente", parece simple a primera vista. La mayoría de personas parecen ganarse la vida "honestamente", pero si tomamos otra perspectiva podremos ver que a menudo muchos individuos carecen de honestidad consigo mismos y con los demás.

El doctor Usui concluyó que una de las razones por las que su trabajo inicial con el reiki resultó parcialmente ineficaz, fue la falta de esfuerzo o simplemente el poco interés por parte de los estudiantes para autoayudarse. La pereza, o no asumir nuestro papel en la sociedad, la familia y las relaciones, es depositar nuestras responsabilidades en otras personas. Necesitamos claridad y honestidad para ver esta forma de sutil egoísmo. Ganarse la vida honestamente, y vivir con integridad y justicia, es un acto de dar, especialmente si es una intención consciente. Hágase una simple pregunta: "¿Soy un dador o un recibidor?" Un dador también puede "recibir" de otros cuando está necesitado, en lugar de "tomar". Recibir puede ser un acto de dar si la motivación es ayudar a los demás.

Al ganarnos la vida, o en cualquier otro aspecto de ella, si nos esforzamos por seguir nuestro corazón y no la tendencia general, entonces viviremos honestamente. Ésta puede no ser la ruta "más segura", e inicialmente tal vez no tendremos el apoyo de los demás. Sin embargo, si es nuestro verdadero camino, muchas personas se beneficiarán de nuestro valor; atraeremos naturalmente las condiciones apropiadas para progresar. Ya que disfrutamos lo que estamos haciendo, hacer un esfuerzo para salir adelante no parece un duro trabajo.

Vivir la vida honestamente, y sin decepción, es un camino hacia la verdad. Ser abiertos y honestos respecto a nuestras debilidades, nos ayuda a ser cada vez más fuertes. Cuando por medio de la honestidad empezamos a conocer nuestra mente, somos más capaces de ayudar a que los demás obtengan los mismos beneficios. La honestidad, el auto-entendimiento y el deseo de ayudar a otras personas, forman la base para una sabiduría total. Experimentar estas realizaciones nos traerá naturalmente paz duradera y felicidad, y nos permitirá compartir estos beneficios con los demás.

Sea bueno con los demás hoy
(Honre a sus padres, maestros y ancianos)
Intención reiki: Hoy seré bueno con los demás

El budismo enseña que todas las cosas buenas que experimentamos en la vida son el resultado de nuestra bondad y sabiduría en pensamientos, palabras y acciones en vidas anteriores. Todas nuestras experiencias negativas, hasta las más simples molestias, son el resultado de acciones imprudentes, negativas y egoístas. Puede ver qué tan importante es este principio. Si colocamos el bienestar de los demás como una de nuestras prioridades, mientras disfrutamos la realización que esto trae, podemos estar seguros que nuestra bondad será retribuida con una buena experiencia en el futuro. Entonces encontraremos más fácil desarrollar una mente positiva, sabia y compasiva. Si tendemos a poner nuestro bienestar en primer plano, encontraremos muchos problemas internos y externos posteriormente. Desde luego, ser bueno con los demás no significa que debemos ser crueles con nosotros mismos. Los sentimientos de culpa y autocompasión son tan dañinos como acciones o pensamientos negativos hacia los demás.

Si su atención es dirigida de manera constante y consistente hacia el beneficio de otras personas, gradualmente reducirá su sentido de autoimportancia, el "yo", o ego. Esto lo hará más tranquilo y feliz. Hawayo Takata dijo una vez: "¡No, me gusta saber cómo encontraré salud, felicidad y seguridad!" Esto puede parecer extraño en principio, podemos pensar que al reducir el sentido del Yo, o si no hay Yo, entonces ¿cómo puedo yo ser feliz?

Para entender este punto de vista aparentemente conflictivo, debemos meditar y estudiar las enseñanzas que dio Buda sobre este método especial para encontrar felicidad duradera. La mente o conciencia no tiene un Yo ni sentido de identidad. La verdadera naturaleza de la mente es simplemente cognición, conocimiento, o entendimiento claro. El Yo que experimentamos cuando pensamos o sentimos no tiene base real para existir, es sólo un hábito fuerte de pensamiento conceptual que llevamos con nosotros, y desarrollamos de una vida a otra. Podemos ver este espejismo como el Yo más claramente cuando estamos avergonzados, molestos, regocijados o emocionados. Sin embargo, si buscamos el "Yo verdadero" en la meditación, no podemos encontrarlo. No está en el cuerpo o en la mente, y obviamente en ningún otro lugar. Además, si podemos observar o experimentar nuestro Yo "evidente", tal vez cuando estamos avergonzados o celosos, ¿cómo puede este individuo ser el observador? En ese momento es como cualquier otro objeto externo que nuestra mente comprende, y como explicamos antes, al igual que todos los fenómenos, sin importar qué tan reales puedan parecer, son sólo proyecciones de la mente similares a las de un sueño.

Todas nuestras acciones y reacciones egoístas son motivadas por la necesidad de proteger o satisfacer nuestro fuerte sentido del Yo. Siempre estamos haciendo cosas para el beneficio de esta inexistente aparición del Yo. En realidad, si pensamos con claridad, veremos que las peores cosas que ha hecho la humanidad, las guerra, las atrocidades y los abusos, han sido motivadas para satisfacer el egocéntrico Yo. No debemos preocuparnos si no aceptamos o entendemos estos razonamientos. Sólo necesitamos saber que reduciendo nuestra atención al "excesivamente importante" Yo, abriendo el corazón y aumentando nuestra consideración por los demás, encontraremos auténtica felicidad y realización. Entonces, si nuestra intención es fuerte, en nuestro camino encontraremos muchas oportunidades para ayudar a los demás.

La versión occidental de este principio, "honre a sus padres, maestros y ancianos", es natural para muchos en el Oriente, donde la sabiduría y la experiencia que se adquieren con la edad son cualidades altamente valoradas y respetadas. A menudo ignoramos la bondad y las virtudes de los demás, y nos concentramos más en sus fallas. Esto sólo nos deja un resentimiento por el pasado e insatisfacción en el presente. En este marco mental somos impotentes para cambiar algo positivamente. Incluso, así hayamos tenido una infancia triste, debemos considerar que nuestros padres nos crearon, nos alimentaron, y protegieron nuestra vida día a día de la mejor forma posible. Ellos nos enseñaron muchas habilidades que aún necesitamos usar diariamente.

Sin nuestros padres nunca hubiéramos podido aprender, practicar y leer acerca del reiki u otro sistema de curación. ¿Dónde estaríamos ahora sin su paciencia y cuidado?

Honrar a alguien no es ponerlo en un pedestal, o bajar nuestra autoestima; es ser agradecido, respetar y reconocer sus rasgos positivos. Las personas de edad tienen más experiencia y pueden enseñarnos mucho si estamos preparados a escuchar cuidadosamente, y abrimos espacio para nuevas ideas entre nuestras opiniones y el orgullo, que a su vez evita que estemos abiertos a un nuevo crecimiento. Si creemos que usualmente tenemos la razón, entonces estamos generalmente equivocados. Ser honestos respecto a nuestras fallas nos da humildad, lo cual nos permite cambiar y crecer. Luego todos se convierten en nuestros maestros, y cada situación es una oportunidad para aprender. Podemos incluso considerar a los niños y los animales como maestros; la honestidad y la franqueza que poseen pueden ser una influencia muy positiva.

Al honrar y respetar todas las formas de vida, reconocemos y por consiguiente alimentamos indirectamente sus potenciales individuales para que se conviertan en "todo lo que pueden ser". En el budismo se dice que en las profundidades de la mente todos los seres vivos poseen "naturaleza Buda" —el potencial para alcanzar un renacimiento favorable y trabajar por la iluminación total para el beneficio de todos.

Nuestra propia riqueza infinita

Practicar los cinco principios del reiki es una verdadera razón para la felicidad. Una razón auténtica es algo que trae más felicidad entre más la desarrollamos.

Más dinero, autos, relaciones, o cualquier otra cosa, sólo otorgan felicidad temporal. Si esto no fuera cierto todas las personas ricas serían muy felices, y entre más riqueza acumularan, mayor sería su felicidad. En realidad la felicidad es simplemente un estado mental, una cualidad interior; no depende de factores externos, no existe fuera de la mente, o separada de ella. Aunque algunos factores externos, como relaciones, buena comida o la música, parecen originar felicidad, no podemos decir que son una fuente de ella. Si así fuera, siempre harían que experimentáramos el mismo nivel de felicidad. A veces cuando nos sentimos profundamente tristes, no hay un solo factor externo que pueda ayudarnos a sentirnos mejor. También sabemos que la felicidad simplemente surge en la mente sin razón aparente. En ocasiones nos sentimos contentos, y esto muestra que no necesariamente necesitamos cosas para alcanzar dicho estado. Al aprender a entender y controlar los niveles más profundos de nuestra mente, podremos decidir por nosotros mismos qué tan felices queremos ser, sin importar las circunstancias externas.

Entre más desarrollemos la felicidad interior practicando los principios del reiki, u otras guías y enseñanzas espirituales similares, más felices y contentos estaremos. Incluso podemos llevar con nosotros esta riqueza potencialmente infinita cuando fallezcamos. Desarrollar nuestras cualidades interiores de esta manera es la forma más poderosa y significativa de usar el reiki.

LA CAUSA
DE LAS ENFERMEDADES

Básicamente, una enfermedad, un trastorno o una tristeza, es el resultado de un desequilibrio en el cuerpo, la mente o el ambiente. Sin embargo, no es fácil establecer la causa original de un problema particular. Después de estudiar el budismo, el doctor Usui entendió que las raíces de todos los problemas son las anteriores acciones negativas del cuerpo y la mente, que retornan a nosotros como enfermedades, pobreza, ignorancia, o cualquier otro tipo de experiencia desagradable.

Karma se traduce directamente como "acción", o algo que de manera intencional creamos mental, verbal o físicamente. Las leyes del karma enseñan que cualquier cosa que hagamos regresa a nosotros tarde o temprano —como un búmeran—. Estas acciones negativas pueden haber sido desarrolladas hace muchas vidas, y sólo ahora podríamos estar experimentando las repercusiones. Podemos pensar que nunca hemos cometido acciones graves, como hacer daño a los demás, pero en cada una de nuestras vidas anteriores fuimos casi completamente diferentes al tipo de persona que somos ahora. Si fuera posible vernos en vidas pasadas, no nos reconoceríamos en lo absoluto; sería como encontrar un completo extraño.

El budismo sugiere que en cada vida nacemos de nuevo, en la superficie, tenemos cuerpos y personalidades completamente diferentes, pero en las profundidades de la mente llevamos los recuerdos, las tendencias y las impresiones de todas nuestras vidas anteriores y las acciones que hemos desarrollado mental, verbal y físicamente. Cuando las condiciones son apropiadas, estas acciones retornan a nosotros como experiencias positivas o negativas, dependiendo si fueron o no bien intencionadas y beneficiosas. Desde una perspectiva budista (como fue explicado en el capítulo 5), para curar completamente y evitar futuras enfermedades, debemos remover las causas o "semillas" de nuestras pasadas acciones negativas desde muy adentro de la mente, antes que se "maduren" como nuevas experiencias desagradables. Si encontramos difícil aceptar estas ideas, hay otras formas de entender las causas aparentes de las enfermedades.

La voluntad para cambiar

Debemos tratar de no evadir los problemas, pero sí buscar un entendimiento de sus orígenes para obtener una solución duradera. No tenemos que aceptar los problemas; siempre hay cosas que podemos hacer para mejorar la calidad de vida, sin importar qué nivel de salud o riqueza tengamos. Al adoptar un estado mental positivo ejercitamos el poder de disfrutar la vida. Podemos lograr esto inmediatamente; no se requieren semanas o meses para aprender, cada momento tenemos la posibilidad de cambiar nuestra vida para siempre.

Todo lo que usted es ahora, es lo que ha creado consciente e inconscientemente en respuesta a sus circunstancias y experiencias desde el día que nació. Al nacer trae las diferentes tendencias mentales, emocionales y físicas (generales y específicas), y los hábitos del cuerpo, el habla y la mente, que desarrolló en vidas anteriores. Esto explica por qué hijos de una misma familia son tan individuales desde el nacimiento.

Sin embargo, aunque estén profundamente arraigadas y aparentemente sean características naturales, no son permanentes y pueden ser cambiadas con una intención firme y honesta. Cualquiera que sea su situación o personalidad, todo lo que necesita es una intención para mejorar, voluntad para aprender, y una mente relajada y feliz.

Reflejos de la mente

Buda explica la creación del mundo físico externo como una simple proyección o un reflejo de la mente. El mundo que habitamos es una proyección mental con la cual nos hemos familiarizado tanto que parece real, sólido y permanente en casi todos los aspectos, tal vez como un sueño vivo y recurrente al que retornamos cada mañana al despertar. Con la experiencia sabemos que los sueños pueden parecer muy reales. Por ejemplo, en un sueño podemos tocar objetos sólidos, conversar, ir a trabajar, salir de vacaciones, o hacer cualquier otra cosa que podríamos realizar en el mundo real. Estas experiencias pueden parecer tan reales que sólo sabemos que hemos estado soñando cuando despertamos. En un sueño podemos incluso preguntar "¿esto es un sueño?" y la respuesta podría ser "por supuesto que no, no sea tonto".

Cuando despertamos, ¿adónde se han ido todos estos objetos aparentemente sólidos, las experiencias vivas, y las personas? Sabemos que realmente nunca existieron como parecía, eran simplemente proyecciones de la mente. La mayoría de las personas no cree que esto podría también ser el caso en el mundo real por parecer precisamente "tan real". Por esta razón puede ser un lugar desagradable para vivir, y así nos aferramos a las cosas que parecen suministrar alivio sobre las cosas que producen tristeza que están siempre presentes.

Al desarrollar sabiduría a través de la meditación, la oración y el reiki, podemos lograr claridad mental para penetrar el valle de los sueños —la ilusión que es la raíz de todos los problemas, incluyendo las enfermedades—. El falso conocimiento que tenemos de la existencia hace que desarrollemos acciones negativas o karma del cuerpo y la mente, en respuesta a un mundo aparentemente "real" o importante. Cuando este karma negativo "madura" nos mantiene atados al ciclo de la ignorancia, las malas acciones, y la posterior tristeza, hasta que encontremos la rara posibilidad de despertar, esto es, hasta que estemos en un auténtico y completo camino espiritual.

Síntomas sutiles de grandes problemas

Nuestros cuerpos, el ambiente, el trabajo, nuestras relaciones y posesiones son como reflejos de nuestra densa y muy sutil mente. Los objetos densos como las formas sólidas, las personas, las relaciones y el ambiente son proyecciones de nuestra mente densa. Los objetos sutiles, como los de los sueños, son reflejos de nuestra mente sutil; y objetos muy sutiles, que son imposibles de percibir para la mayoría, son reflejos de nuestra mente más sutil. Podemos interpretar la mente sutil y muy sutil como el subconsciente, o esa parte que no podemos controlar conscientemente o no conocemos claramente. Desde la infancia hemos aprendido a vivir en respuesta al mundo "real" externo, no somos conscientes de nuestra naturaleza interior y los problemas y potenciales que yacen ahí.

Si tiene problemas con su salud, sus finanzas, sus amistades, o cualquier otra cosa, esto es como una campana resonando, un

mensaje simbólico que alguna parte de usted mismo necesita atención. Esto puede parecer raro, pero con la experiencia podemos
empezar a ver claramente que nuestras imperfecciones son constantemente reflejadas por el cuerpo, el ambiente que nos rodea,
y nuestras experiencias diarias. La mayoría de las personas acepta
que si durante algún tiempo suprimimos o desenfrenamos fuertes
emociones o pensamientos negativos, pueden originarse problemas de salud internos o externos, o adicciones perjudiciales. Pregúntese a sí mismo: ¿por qué estoy triste? ¿Qué problemas tengo
en este momento? Podrá explorar estas manifestaciones externas
hasta algún aspecto de su naturaleza interior, que no está completamente desarrollado o en armonía con la totalidad.

Por ejemplo, cuando una persona está sola a menudo se enfoca en comer, beber, fumar, ir de compras, o establecer relaciones
superficiales. Por lo tanto, si tenemos problemas o adicciones en
estas áreas, ¿podrían deberse a que estamos solos? Si podemos
identificar la verdadera causa emocional o mental de los problemas
externos, estamos a medio camino de resolver el asunto. La otra
mitad de la respuesta es desarrollar el deseo auténtico de cambiar
y reconstruir la parte interior que hemos perdido o abandonado, y
pretendemos reemplazar con algún confort o apoyo externo.

En el caso de la soledad podemos tratar de liberar la necesidad de obtener felicidad de los demás u objetos externos, desarrollando un sentido interior de autoaceptación. Luego seguirán la
alegría y finalmente la paz profunda. Esto no significa abandonar
las relaciones personales u otros placeres físicos. En realidad, liberar la necesidad de estas cosas realmente nos permite ganar mayor
alegría de ellas: nuestras relaciones son más claras, sanas y gratifi-
cantes. Puede tomar tiempo abandonar los antiguos hábitos, pero
esto puede lograrse si nuestro deseo de cambiar es más consistente

que nuestras costumbres y creencias negativas. El reiki puede ayudarnos enormemente a seguir este camino interior.

Otros síntomas simbólicos

Sobre un nivel menos obvio, los problemas de salud específicos pueden relacionarse simbólicamente con causas específicas en la mente. Por ejemplo, usamos los hombros para soportar cargas pesadas; por consiguiente, podemos relacionar los problemas del hombro con tener demasiada responsabilidad o no ser lo suficientemente responsables. El cuello es muy flexible y nos permite ver en diferentes direcciones, así que los trastornos en esta parte del cuerpo pueden relacionarse con ideas inflexibles, o con entregarse demasiado fácil a los demás. Usamos nuestros ojos para observar adónde vamos, por lo tanto los problemas oculares pueden ser relacionados con no querer ver las cosas como realmente son, o tratar de controlarlas. Usamos las piernas para movernos, así que los problemas en estas extremidades pueden asociarse a desear permanecer en una situación particular, tal vez porque parece segura o porque nos esforzamos por alcanzar las cosas equivocadas.

Podemos aplicar esta idea a cualquier enfermedad. Sólo piense: "¿Qué me dice este problema acerca de mí mismo?" "¿Qué representa esta situación simbólicamente?" Por lo general hay dos extremos y un camino medio saludable. Si nos sentamos y pensamos acerca de esto con honestidad, la respuesta llegará fácilmente. No se complique, mantenga una mente abierta y recuerde que todas las respuestas están en su interior. Si no se siente listo para cambiar, no tiene que hacerlo. ¡Todo depende de usted!

Podemos incluso aplicar esta sabiduría en objetos aparentemente inanimados. Por ejemplo, si la batería de su auto está descargada, ¿necesita tiempo para descansar y recargarse? Si la puerta frontal de su casa se atasca, ¿tiene dificultad para relacionarse con la gente, o es demasiado abierto y servicial? Si una tubería se revienta, o un bombillo se funde, ¿se encuentra bajo demasiada presión, o siempre busca evitar situaciones estresantes para llevar una vida tranquila? Todo esto puede parecer un poco fantasioso, pero con la práctica podemos desarrollar la sabiduría para vernos a nosotros mismos en todas partes, y usar cada situación como una oportunidad para aprender acerca de nuestra naturaleza interior a través de su reflejo en el mundo externo. Obviamente esta forma de observar el mundo puede también decirnos qué estamos haciendo bien; si generalmente estamos contentos y atraemos buenas condiciones o relaciones positivas, es señal de que nos movemos en la dirección correcta.

Tratar karma acumulado

Puede ser difícil, desafiante, y a veces doloroso enfrentar la raíz interna de un problema, especialmente cuando parece que puede encontrarse una respuesta más fácil en el mundo externo. Sin embargo, las soluciones duraderas sólo pueden conseguirse en el interior, cambiando y curando la mente. Si podemos familiarizarnos con este camino interior disminuiremos gradualmente los problemas, que son reemplazados con el conocimiento de una fuente de felicidad profunda y continua. Esto hará naturalmente que el mundo externo sea más agradable, significativo y armonioso.

A veces, aunque seamos positivos y recibamos mucho reiki u otras terapias, no podemos mejorar la salud o resolver otros problemas que pueden hacer desagradable nuestra vida. Desgraciadamente es una realidad de la vida que todos conocemos. Buda dice que hemos tenido innumerables vidas anteriores, y la cantidad de karma que hemos acumulado es casi ilimitada. A veces algunos de los efectos de nuestro karma negativo parecen tan arrolladoramente fuertes, profundos y persistentes, que no podemos purificarlos o escapar de ellos en esta vida. Ser realistas y no negativos acerca de esto puede ayudarnos a vivir con nuestras limitaciones. Además, como se mencionó antes, al aceptar las desgracias con mente tranquila y positiva, podemos aprender gradualmente a disfrutar la vida de manera íntegra, mientras natural y rápidamente purificamos nuestro karma negativo.

Hay prácticas de meditación avanzada que pueden purificar incluso el karma más negativo de una vida. Para practicar estas técnicas busque las enseñanzas, los consejos y la dirección de un maestro calificado. (Vea más información en el apéndice 1.)

Las doce posiciones de la mano

La siguiente es una guía general de las áreas físicas, mentales y emocionales cubiertas por cada una de las doce posiciones básicas de la mano. Un tratamiento completo de reiki cubrirá naturalmente todas las áreas del cuerpo y la mente, y la sabiduría curativa concentrará la energía en los sectores que más la necesitan. No es necesario recordar toda la información relacionada con cada posición, simplemente úsela como referencia si desea tomar un papel más activo dirigiendo el reiki a las áreas más necesitadas.

Estas pautas también son útiles si usted o la persona que está tratando desean entender los aspectos mentales y emocionales de un problema o una enfermedad en particular. Si está dando tratamiento a alguien, podría ser buena idea usar esta información en conjunto con el examen del cuerpo (vea el capítulo 6) y, por supuesto, hágale a su paciente preguntas pertinentes sobre su condición.

Posición de la cabeza
Ojo

Área física:	ojos, cerebro, pituitaria, glándulas pineales, nariz, senos frontales. Reduce dolores de cabeza.
Emocional:	reduce el estrés, calma una mente demasiado activa, disminuye emociones extremas.
Mental:	mejora la claridad y calidad del pensamiento y la concentración; aumenta la energía mental, ayuda en la toma de decisiones y el desarrollo de la confianza, despierta el "tercer ojo" y mejora la sabiduría intuitiva.

Sienes

Área física:	dolores de cabeza, ataques, postración nerviosa; equilibra el cerebro izquierdo y el derecho y las respuestas hormonales, visión y problemas del oído.
Emocional:	estabiliza emociones fluctuantes, reduce la preocupación y la depresión, equilibra los aspectos masculinos y femeninos del cuerpo y la mente, abre la mente a nuevas ideas, nuevas formas de pensar y ser.
Mental:	crea calma y equilibrio, aclara los procesos mentales, mejora la asimilación y comprensión de información y la memoria de corto plazo, fortalece la creatividad y la espontaneidad. Abre el chakra corona para crear un fuerte vínculo con la conciencia superior.

Base del cráneo

Área física:	todo el sistema nervioso, el peso, la columna vertebral, alivia el dolor, problemas del habla.
Emocional:	relajación, mejora la memoria a largo plazo y la habilidad para aceptar y liberar dificultades pasadas, alivia la depresión.
Mental:	relajación profunda, nos ayuda a eliminar preocupaciones repetitivas, fortalece el cuerpo y la mente.

Cuello y garganta

Área física:	problemas del habla; la mandíbula, los dientes, la laringe, la tiroides, el sistema linfático; equilibra la presión sanguínea.
Emocional:	reduce o libera emociones y pensamientos reprimidos, aumenta la confianza, libera la tensión, mejora la habilidad para comunicarse y ser honestos y abiertos.
Mental:	brinda calma y claridad de pensamiento, habilidad para ver el entorno y buscar nuevos horizontes, crea una mente abierta y clara.

Posiciones frontales	
Corazón	
Área física:	corazón, pulmones, timo, sistema inmunológico y circulación, asma y otros trastornos bronquiales.
Emocional:	alivia el estrés, aumenta la confianza, el valor y la habilidad para sentir amor, alegría y compasión.
Mental:	el pensamiento se vuelve menos egoísta y se motiva más por el deseo de beneficiar a los demás.
Plexo solar	
Área física:	hígado y vesícula biliar, estómago, bazo, páncreas, el sistema nervioso, diabetes.
Emocional:	libera el miedo y la agresión, mejora el poder de autoexpresión y autodeterminación, y la habilidad de aceptar y sentir emociones fuertes sin ser abrumado.
Mental:	equilibra el pensamiento, es más difícil que sea influenciado o distraído.
Ombligo	
Área física:	abdomen, intestinos, colon, vejiga, alergias de alimentos.
Emocional:	equilibra sentimientos sexuales, culpabilidad, atracción, obsesión, repulsión.
Mental:	mejora la habilidad para "digerir" nuestras ideas y pensar claramente sin ser distraído por emociones fuertes.
Ingle	
Área física:	sistema linfático, sistema urinario, intestinos, órganos sexuales masculinos y femeninos, estreñimiento, diarrea, cadera.
Emocional:	sensación de seguridad, placer sexual, liberar emociones fuertes y repetitivas, o el comportamiento ofensivo.
Mental:	aumenta la energía, vitalidad, autoconocimiento, vigilancia, voluntad para vivir la vida a plenitud.
Posiciones traseras (similares a las frontales)	
Hombros	
Área física:	cuello inferior y hombros, corazón y pulmones, parte superior de la columna, heridas en el cuello.
Emocional:	libera cargas mentales y emocionales y asuntos que han sido ignorados.

Mental:	ayuda a despejar la mente de cargas mentales y emocionales, y a enfrentar problemas del pasado.

Plexo Solar

Área física:	riñones, suprarrenales, pulmones, estómago, bazo, columna media.
Emocional:	aumenta la fortaleza física y fisiológica, y libera cargas y traumas emocionales pasados.
Mental:	mejora la estabilidad mental y el poder del pensamiento.

Espalda inferior

Área física:	intestinos, vejiga, columna media.
Emocional:	similar a lo descrito en la posición frontal; también mejora la habilidad para relajarse, sentir y expresar emociones fuertes, y disfrutar la expresión sexual equilibrada, con amor y sin culpabilidad.
Mental:	mejora la aceptación, la expresión y el entendimiento de emociones fuertes.

Base de la columna

Área física:	espalda inferior, caderas, próstata, sistema reproductivo masculino y femenino.
Emocional:	liberar viejos patrones de comportamiento, abrir espacio a nuevas ideas o maneras de ser, liberar emociones acumuladas, o mejorar la habilidad para liberar fácilmente posteriores respuestas emocionales.
Mental:	aumenta el poder mental y la habilidad para reaccionar positiva, creativa e intuitivamente en situaciones difíciles o emergentes.

Las áreas cubiertas por las posiciones de la mano son una guía general creada por la experiencia y el sentido común. Si es atraído hacia un sector en particular sin una razón lógica, siga su intuición. Nueve de cada diez veces obtendrá resultados, y en cada ocasión hará que mejore su sabiduría intuitiva.

Sin embargo, nunca piense que la intuición, o las pautas que se acaban de mencionar son bases para hacer diagnósticos médicos o tratar una condición sin el correspondiente tratamiento médico convencional. Asegúrese siempre que la persona que trata haya visto el doctor, si lo necesita. Si un paciente se rehúsa a consultar un doctor, lo mejor es que suspenda el tratamiento hasta que sea establecido un diagnóstico médico apropiado.

MEDITACIÓN REIKI

Podemos dirigir el reiki hacia un propósito específico, o simplemente dejar que actúe para nuestro mayor beneficio con sólo relajarnos, confiar y permitir que esta energía invada nuestra vida. Alternativamente podemos encontrar un equilibrio fijando intenciones conscientemente, mientras estamos abiertos a la sabiduría y dirección del reiki. De esta forma aprenderemos con la experiencia cómo usar mejor la energía, cómo desarrollar una relación más cercana y abierta con el reiki, y establecer gradualmente la clase de practicante que queremos ser.

Podemos usar algunas de las siguientes técnicas para profundizar la práctica del reiki, aprender a relajarnos más fácilmente, y crear estados mentales positivos que a su vez beneficiarán a todas las personas que entren en contacto con nosotros, especialmente si ésa es nuestra intención consciente.

Disfrutar la relajación reiki

Esto lo podemos hacer sentados o acostados, en combinación con algunas —o todas— las posiciones reiki. La música relajante puede ser útil. Si sólo tiene quince o veinte minutos, escoja una posición de la cabeza, el área del corazón, y la espalda inferior, la ingle o el área de las piernas.

Empiece fijando una intención consciente para relajar completamente el cuerpo y la mente, y recibir la curación que necesita durante el tiempo que tiene disponible. Establezca también intenciones específicas para usted y los demás. Respire profundamente y adopte una posición cómoda. Libere cualquier cosa que pueda estar en su mente. Éste es su tiempo de relajación, y es importante que nada lo distraiga.

Lleve su atención a los dedos de los pies y trate de "encontrar" y liberar cualquier tensión en esta área. Debe familiarizarse gradualmente con la experiencia de relajarse conscientemente, luego el proceso será más fácil. Dirija su atención lentamente al resto de sus pies, relajando conscientemente cada parte. Continúe moviendo su atención a lo largo del cuerpo, relajando cada área. Si su atención se extravía, diríjase a la última localización.

Cuando haya llegado a la parte superior de la cabeza, por unos minutos palpe cómo se siente estar relajado completamente. Entre más recuerde esta experiencia, más fácil la repetirá y usará en las actividades diarias. Dominar esta técnica puede tomar algún tiempo, así que no se decepcione si aún siente alguna tensión después de las primeras sesiones; esto pasará y con el tiempo el procedimiento será más natural. En este punto puede detenerse, dedicar su energía positiva, y levantarse lentamente, o continuar con una simple visualización.

Usar la visualización reiki

Visualice una corriente de luz en espiral, blanca o dorada, que entra por la coronilla de su cabeza y llena cada parte de su cuerpo. Trate de mover la luz lentamente, de tal forma que sienta que cada área de su cuerpo y cada célula se llenan con energía lumínica. Luego podemos imaginar que el cuerpo y la mente se funden en esta luz, que lentamente se expande para llenar la habitación, la casa, la ciudad y el país, el planeta, y finalmente todo el espacio.

Éste es un buen momento para pensar en quienes necesitan alivio, conflictos locales y mundiales, desastres, o simplemente en todos los seres vivos. Visualice estas personas o situaciones rodeadas por la luz, e imagine que todos sus problemas o enfermedades son fácilmente transformados y curados. Continúe esta visualización de salud y alegría por unos minutos. Podemos pensar, y tratar de realmente creer el significado maravilloso de que ahora estas personas están libres de dolores y problemas. Luego concéntrese todo lo que pueda en el sentimiento de alegría que surge de este pensamiento; no se preocupe si al comienzo se siente falso o fabricado, con constancia y práctica sincera, su motivación será más natural y poderosa. Tampoco haga sus visualizaciones demasiado complicadas; una intención honesta y la fuerte creencia de que sus pensamientos positivos realmente han sido de ayuda, son los aspectos más importantes.

El poder de la mente es ilimitado. Imaginando firmemente que por medio de nuestras acciones la gente se libera de sus problemas, se crea la causa para que esto suceda en el futuro. Cuando haya terminado, visualice la luz regresando lentamente al espacio de su cuerpo, y séllela con una intención mental como ésta:

Equilibrada, centrada, bendecida y protegida

Luego levántese lentamente cuando esté listo, y dedique la energía positiva que ha creado. A veces cuando fijamos intenciones como la anterior, u ofrecemos la energía positiva creada a través de la acción reiki, puede ser útil, decir o pensar la intención tres veces.

Esto fija la intención firmemente en la mente, y nos ayuda a ver si se siente "apropiada"; puede ser demasiado complicada o no lo suficientemente clara. Podemos cambiar una intención con sólo decir o pensar otra que se aplique a la misma persona o situación, y automáticamente predominará sobre la anterior, si es para el mayor bien. El poder de las intenciones y ofrecimientos depende de la sinceridad y estabilidad de los deseos de nuestro corazón.

Sentarse con el reiki

Una vez que esté habilitado con el reiki, gradualmente será más consciente de su presencia en la vida. Podrá experimentar esto como una sensación de paz y totalidad, o como un "cojín" de energía y amor rodeando su cuerpo, o un flujo de energía que fluye a través de usted. A veces podrá sentir el reiki "activarse" automáticamente, o fluir más fuertemente mientras usted u otras personas lo necesitan. Nos convertimos en puertas o canales para que la energía curativa ayude a los demás.

Cuando sienta el reiki fluir con más fuerza, es buena idea tomar cinco o diez minutos para un "*break* de reiki". Siéntese con él, empápese de él, y distribúyalo si es conveniente. Si esto sucede, y siente que la energía se concentra en una cierta área de su cuerpo, o en pensamientos y emociones relacionados con uno de sus problemas, trate de relajarse y dejar que el reiki trabaje para usted. Sólo "observe" su cuerpo y su mente, y no se complique por los sentimientos, las sensaciones o los pensamientos que puedan originarse; déjelos fluir a través de usted para que se liberen de forma equilibrada, clara y natural.

Si está dispuesto a adoptar este proceso, las respuestas a los problemas surgirán espontáneamente, o la situación pasará más rápidamente que si hubiera tratado de "resolverla" mentalmente o justificarla emocionalmente. Este proceso natural de curación y liberación puede funcionar para cualquier situación estresante que estemos enfrentando; incluso pueden ser aliviados eventos pasados, de hace mucho tiempo, que no han sido aceptados completamente, o curados física, mental o emocionalmente. Con un poco de práctica se sorprenderá de lo rápido que el reiki puede solucionar problemas y cambiar la situación para el beneficio de todos los que estén involucrados.

Desarrollar paz interior

El proceso de observar la mente es también una forma muy poderosa de desarrollar paz interior y sabiduría intuitiva natural. Una buena ocasión para practicar esto es durante el autotratamiento, o cuando tratamos a otras personas. Simplemente palpe los momentos de paz natural y permanezca con ellos. Cuando surjan distracciones en su cuerpo o mente, o sea interrumpido por ruidos, no se preocupe o moleste por ello. Sólo observe estos pequeños eventos y déjelos fluir, mantenga su atención en la mente y el cuerpo, luego retornará la paz.

Siga esta paz interior y trate de estar con ella de manera natural, sin tensionar la mente, de tal forma que cada vez se familiarice más con esta sensación. Finalmente esta paz será un estado normal de su mente, y mientras continúe este tipo de práctica ganará niveles más profundos de felicidad y autoconocimiento. Puede encontrar útil ensayar esta práctica sentado en una silla, ya que fácilmente se dormirá si hace el tratamiento acostado. Además, usar las posiciones de la mano que causan dolores musculares puede originar distracciones indeseadas. En cualquier caso, haga lo que crea correcto y que funcione para usted.

Un alivio rápido

También podemos aprender a "activar" el reiki cuando lo necesitemos. Ésta es una gran forma de "conectar" regularmente la energía, y puede ser útil cuando no tenemos tiempo de tratarnos completamente pero necesitamos un alivio rápido.

Simplemente siéntese, ponga las manos en un lugar cómodo (por ejemplo sobre los muslos), y fije un propósito mental para abrir el cuerpo y la mente al reiki, y recibir todo lo que necesita. Relájese y deje fluir todo lo que experimente. Si puede hacer esto diez o quince minutos cada día, definitivamente obtendrá resultados positivos.

Esto también ayuda a que conozcamos y entendamos mejor el reiki, y nos enseña a traerlo más rápida y conscientemente cuando lo necesitamos. También adquirimos mayor habilidad para controlar y medir nuestras reacciones frente a una situación, en lugar de ser víctimas de pensamientos, emociones y acciones de carácter negativo e impulsivo.

Este método es también útil si tenemos un asunto o problema específico que queremos solucionar. Antes de empezar, simplemente traiga la situación a la mente, y fije un propósito claro para encontrar una solución, buscando el mayor bien. Luego relájese, disfrute el reiki y observe lo que se origina en su mente. A veces una respuesta puede llegar horas o días después del autotratamiento, y podría surgir leyendo algo relacionado con el asunto, encontrándose a alguien, o algún otro tipo de "casualidad" útil.

Meditaciones mantra-reiki

Podemos usar la palabra reiki como un mantra. Un mantra es una palabra especial, o grupo de palabras que, cuando son pensadas o dichas, tienen un efecto positivo sobre la mente y el cuerpo. La palabra "reiki" es muy bendita y, si es usada como mantra —con energía curativa reiki— puede aumentar nuestras habilidades para dar y recibir alivio. Podemos usarla con la meditación "sentados con el reiki", o cuando estamos dando o recibiendo esta energía.

Sólo deje que la palabra "reiki" surja en la mente sin esfuerzo, naturalmente, como un pensamiento espontáneo. Cuando se origine, sígala, escúchela y repítala. Si su mente se distrae, lleve de nuevo su atención al mantra y continúe siguiéndolo. Esto puede ayudarlo a desarrollar una relación más estrecha con el reiki, se acercará más a la fuente de esta energía, y por consiguiente se unirá más a su propia naturaleza verdadera. Puede usar otras palabras especiales de la misma forma, palabras como paz, compasión, sabiduría, Buda, Jesús, Madre Divina, Padre Divino; o grupos de palabras como "íntegro, saludable y feliz", "completamente relajado y tranquilo", "fuerte, seguro y claro". Use los cinco principios (o intenciones) en forma similar.

Podemos también meditar sobre el significado más profundo del reiki preguntando: "¿Qué es la energía vital universal? ¿De dónde proviene, del exterior o de nuestro interior?" Podemos pedir directamente un entendimiento más claro de nuestra propia naturaleza, o respuestas a problemas específicos que estemos enfrentando. De nosotros depende qué tan lejos queramos llegar, o qué tanto deseamos conocer. El reiki sólo nos traerá lo que somos capaces de enfrentar y entender.

Usar mantras budistas

En el budismo hay muchos mantras usados para curar, purificar, y ayudar a desarrollar ciertas cualidades de la mente. La palabra mantra significa "protección mental". El mantra aparece como sonido o palabras, aunque los *sutras* budistas o escrituras sagradas nos dicen que en realidad mantra es energía vital. Por lo tanto podríamos decir que reiki es un mantra. Uno de los mantras más conocidos es OM MANE PADME HUM, que más o menos significa "toda alabanza a la joya en el loto", aunque tiene significados profundos en muchos niveles. La joya en el loto se refiere a nuestra naturaleza Buda, mayor potencial para el bien que surge del loto, el símbolo de la compasión. La mente compasiva, o el deseo de desarrollar compasión, son la fuente de nuestro mayor potencial y la más valiosa de todas las alabanzas.

OM MANE PADME HUM es el mantra de compasión, y tiene un profundo efecto sobre el chakra del corazón, trayendo gran alegría y paz interior. Podemos usar este mantra en cualquier momento, o recibir una iniciación especial de un Geshe (maestro) budista, y combinar el mantra con una sencilla y poderosa práctica de meditación para desarrollar compasión, y "madurar" nuestro potencial de ayuda a los demás. Para este mantra necesitamos la iniciación de Buda Avalokiteshvara, el Buda de compasión. Este Buda tuvo tanto deseo de ayudar a otras personas, que bendijo su propio nombre de tal forma que cuando alguien lo dijera tres veces, recibiría alivio de su temor. Ésta es una forma muy efectiva de evitar y aliviar el miedo en cualquier situación.

Diga o piense los mantras cuando reciba o dé reiki. Si nuestras intenciones son realmente compasivas, ésta es una acción especialmente poderosa o karma, ya que la naturaleza del mantra es pura, sagrada y bendita. El nivel de compasión que poseemos afecta directamente nuestra habilidad para aliviar a los demás. Es de gran ayuda decir mantras para otras personas cuando necesitan ayuda, tal vez para enfermos y desamparados, e incluso insectos y animales que se están muriendo. Luego podemos dedicar los efectos futuros de nuestras acciones o karma para el beneficio de ellos. Esto es una forma especial de dar, y aumenta enormemente el poder del karma que retornará a nosotros posteriormente.

Para desarrollar nuestra sabiduría necesitaríamos recibir la habilitación y el mantra de Buda Manjushri, el Buda de la sabiduría. Para desarrollar las habilidades curativas tendremos que recibir el poder del Buda de la medicina ("Sange Menhla" en tibetano. Ver la figura 9.1), la personificación de todas las cualidades curativas de Buda.

Al observar la búsqueda de Mikao Usui, sabemos que él debe haber usado métodos budistas para desarrollar compasión, sabiduría y habilidades curativas en su camino hacia el reiki (si desea saber más acerca de estas técnicas, o practicarlas, vea el apéndice 1). Las enseñanzas de Buda están ampliamente disponibles para personas de cualquier contexto cultural o religioso, y al igual que con el reiki, no tiene que ser budista para beneficiarse de ellas.

Si decidimos practicar la recitación de algún mantra sin recibir una verdadera iniciación budista y aprender la práctica de meditación apropiada, entonces una intención sincera y un ofrecimiento para el mayor bien puede realmente habilitar y proteger nuestra práctica.

La meditación curativa sobre la tierra

Ésta es una meditación muy sencilla y agradable; es especialmente efectiva si puede hacerla al aire libre, tal vez en un jardín o en el campo si el clima es cálido. Es más poderosa si encuentra un árbol para descansar su espalda mientras medita, pues los árboles pueden actuar como un empalme para el intercambio de energía. Haga esta meditación sentado, parado, o acostado, durante el tiempo que quiera.

Figura 9.1 Buda de la Medicina
(Publicada con el permiso de Andy Weber, Tharpa Publications ©,1990)

Hay un intercambio natural de energía vital externa entre un árbol, la tierra y el universo. En algunas filosofías orientales los árboles son vistos como puertas simbólicas o reales entre el cielo y la tierra, con sus raíces absorbiendo "nutrientes de la tierra, y sus hojas extendiéndose hacia la luz del sol y la energía que suministra. También son vistos como un ejemplo de cómo debemos tomar la vida. Al crecer constantemente año tras año, un árbol es fuerte, equilibrado y capaz de cambiar con las estaciones. En medio de vientos fuertes se dobla pero no se parte, debido a que sus raíces son profundas; es flexible y adaptable a las fuerzas de la naturaleza. Cuando las condiciones son apropiadas —como en verano— su crecimiento aumenta, y en invierno descansa y se recarga. De la misma forma, sólo podemos ser seres espirituales auténticos si tenemos los pies firmemente plantados, y sabemos cuándo es el momento de autodesafiarnos y cuándo el de descansar.

Escoja un árbol que lo atraiga, ponga la espalda sobre él, con los pies o los glúteos entre dos raíces, si aparecen superficialmente. Acomódese y "armonice" con su entorno, luego cierre los ojos y relaje lentamente la mente y el cuerpo. Fije un propósito para dar reiki a la tierra y a todos los seres vivos sobre este planeta. Luego imagine el reiki, como una luz en espiral blanca o dorada a través de su chakra corona llenando su cuerpo y mente hasta que se sienta completamente tranquilo y relajado. Luego visualice el reiki entrando en la tierra a través de su chakra base (los pies), y descendiendo directamente hacia el centro del planeta. Desde ahí la energía se irradia a todo el globo, luego a nuestro sistema solar, al universo, y a todos los mundos y ámbitos de existencia. La tierra y todos los seres vivos son liberados de todos sus problemas, y bendecidos con reiki, la naturaleza del amor, compasión y sabiduría. Después el énfasis principal de esta práctica se concentra en el sentimiento de alegría que surge al creer que somos directamente ayudados por otros. Trate de traer a su mente un océano de alegría amorosa. Podemos permanecer con esta experiencia todo el tiempo que queramos, antes de dirigir lentamente la atención de regreso adonde estamos sentados. Esta sanación universal es muy poderosa y curativa. Luego, como siempre, podemos ofrecer nuestro buen karma y proteger nuestro propio sistema de energía pensando y sintiendo:

Estoy completamente protegido
y bendecido por el reiki.

Meditaciones sobre los cinco principios

El reiki funciona bien con todos los sistemas de meditación y todas las técnicas de relajación. Con cualquier técnica que use, simplemente fije un propósito mental antes de comenzar, como éste:

Que el reiki me ayude a obtener el mayor
beneficio de esta meditación.

Esto mejora su concentración, la claridad y la experiencia de la meditación. Ayuda a que sus intenciones positivas fluyan el resto del día. Los efectos de la meditación constante, en combinación con el reiki, pueden mejorar enormemente su calidad de vida.

Podemos meditar sobre todos los cinco principios, o con los que sentimos sean más apropiados para nuestra situación. Si tenemos un problema en particular, podemos elegir el principio que sentimos que puede tener la respuesta, y meditamos sobre él hasta que estemos listos para avanzar. Meditar sobre un principio en el día, en ciclos de cinco días, es una gran forma de mejorar continuamente en el acercamiento con la sabiduría y la compasión, ya que cada meditación se construye sobre la anterior, y cada ciclo nos acerca un poco más a la totalidad y la felicidad: la fuente del reiki.

Prepárese para la meditación encontrando diariamente un rato de tranquilidad —de quince a veinte minutos, o más—. A menudo la mejor hora es temprano en la mañana; esto puede realmente ayudar a comenzar y continuar el día positivamente.

La habitación debe estar tranquila y limpia, y si usted tiene una creencia religiosa en particular, haga un pequeño altar como punto focal. Esto sirve también para retener la energía espiritual en la habitación y la casa —lo cual simboliza su propio cuerpo y mente—. Limpie y cuide este espacio regularmente, y trátelo con respeto, pues definitivamente hará que sus meditaciones sean cada vez más claras y profundas, con efectos duraderos. Invite las bendiciones universales a su casa y su vida, creando un pequeño santuario, también podrá observar muchos beneficios positivos naturales en otras áreas de su existencia. Además, la gente puede comentar que su casa siempre se siente acogedora y tranquila.

Siéntese en una silla con su espalda recta, pero no tensionada, los pies sobre el suelo y las manos descansando en sus rodillas. También puede sentarse en un cojín de piso, en una tradicional postura de meditación. Atraiga el reiki durante la meditación colocando sus manos sobre el cuerpo en una posición cómoda. A veces darnos un poco de reiki colocando las manos sobre el corazón, durante algunos minutos antes de la meditación, puede ser una buena forma de calmar la mente y prepararnos para dicha práctica.

Para empezar, relaje su cuerpo y enfoque su mente examinando mentalmente las tensiones de su cuerpo para luego liberarlas. Dirija su atención a la sensación en la punta de las ventanas de la nariz. Sienta el aire fresco entrando mientras inhala, y el aire caliente saliendo al exhalar. Concéntrese en esta sensación; si se distrae, regrese su atención al objeto de meditación, la sensación de respirar. Esto enfoca la mente y mejora la concentración. En realidad, esta simple meditación, si es practicada durante diez o quince minutos diariamente, puede mejorar enormemente la calidad de vida dándonos una mente clara y tranquila. Si no tiene experiencia en meditación puede ser útil que practique sólo el ejercicio de respiración durante varias semanas antes de intentar algo nuevo.

La meditación se divide en dos partes: contemplación y localización. La contemplación es el proceso en el que se abandonan acciones y pensamientos negativos, y se adopta una mentalidad positiva. Cuando surge un fuerte deseo en la mente para mejorar nuestro comportamiento, entonces éste es el objeto de localización y lo "conservamos" o experimentamos todo el tiempo posible. Por ejemplo, si medita sobre el segundo principio, "hoy no se preocupe", piense cómo las preocupaciones en el pasado han sido la causa de muchas tristezas, y no han solucionado los problemas. Imagine cómo se sentiría un futuro sin preocupaciones. Cuando surja en la mente el deseo fuerte de detener estos sentimientos, "conserve" dicha intención mental todo el tiempo que pueda.

Si sus pensamientos se disipan, simplemente retorne a la contemplación hasta que surja de nuevo el fuerte deseo de evitar las preocupaciones, luego permanezca con ese pensamiento o sentimiento. Usted está entrenando para sentir naturalmente este proceso. Cuando "conserve" el objeto de meditación no tensione la mente. Debe sentirse natural, como si ésta se mezclara completamente con el objeto de meditación, el deseo de dejar de preocuparse.

Al desarrollar con regularidad estos deseos profundos de mejorar, será definitivamente más positivo, tolerante y feliz. Este antiguo método de tratar los problemas de la vida, cuando se practica de manera correcta y constante, es una solución garantizada, produce resultados muy saludables.

Use las explicaciones de los cinco principios del reiki (dadas en el capítulo 3) como una base para sus meditaciones, que a su vez tendrán su máxima efectividad si las aplica directamente a su vida, con base en su entendimiento y sus experiencias pasadas.

Mentalmente haga que sus meditaciones cobren vida, y luego dirija sus buenas intenciones hacia el resto del día. Haga esto recordando el principio y los pensamientos positivos que surgieron durante su meditación. Trate de usar esta motivación para guiar sus acciones. Cada vez que se dé cuenta qué pensamientos o sentimientos negativos, como la preocupación y la impaciencia, están a punto de originarse en su mente, puede evitarlos recordando sus buenas intenciones. De esta manera aumentará su sabiduría, y disminuirán sus problemas paulatinamente.

Hacia la verdadera sabiduría

La sabiduría es muy diferente a la habilidad intelectual. Muchas personas inteligentes viven sumidas en la tristeza. Ya que todos los seres vivos tienen el mismo deseo básico de evitar problemas y encontrar felicidad, la sabiduría es simplemente el entendimiento del origen de la felicidad duradera. Al meditar diariamente verá que la felicidad es sólo un estado mental, y que se alcanza por medio de la creación de estados positivos mediante la meditación, la oración y el reiki.

Aunque la práctica de la meditación es bastante sencilla, es buena idea buscar un maestro calificado y experimentado que pueda guiarlo a lo largo de las etapas de este camino. Al aprender por medio de libros puede encontrar muchos problemas, perder tiempo, y por consiguiente perder interés por no experimentar buenos resultados. Compartir nuestras experiencias con los demás, meditar en grupo, y tener la oportunidad de hacer preguntas, son prácticas que pueden ayudarnos a progresar enormemente.

Tener un maestro que sea ejemplo vivo de lo que se puede alcanzar por medio de la meditación es una inspiración constante para nuestro desarrollo (si desea encontrar un grupo de meditación en su área, revise los apéndices 1 y 2). Sin importar el tipo de meditación que escoja, si la practica un poco diariamente aumentarán los buenos resultados, podrá relajarse más, disfrutar la vida íntegramente, y de manera gradual se convertirá en una verdadera fuente de sabiduría, compasión y fortaleza interior.

VOCES DEL REIKI:
HISTORIAS Y CONSEJOS DE PRACTICANTES DE REIKI

El reiki ha tocado y formado muchas vidas. Parte de este camino es averiguar, con nuestra propia experiencia, cómo obtener lo mejor de este preciado regalo. Sin embargo, podemos también aprender mucho de la experiencia de otras personas. Este libro no estaría completo sin algunas de las historias especiales de practicantes de reiki que han obtenido gran beneficio personal de esta energía, y han enseñado y tratado a los demás exitosamente. Algunos de ellos son amigos y estudiantes del autor; otros simplemente respondieron a su invitación para que compartieran su sabiduría y experiencia con quienes siguen un camino similar.

Una enfermedad que me trajo algo bueno
Por Jean Dunn

Siempre he estado interesada en terapias complementarias y el lado espiritual de la vida. Fue una enfermedad la que me dio la oportunidad de investigar más a fondo estos asuntos, cuando me diagnosticaron cáncer de seno en 1995. En ese tiempo sentí curiosidad por el reiki, y decidí tomar los cursos de primero y segundo grado.

Cuando comencé la autocuración, empleaba una hora al día, y siempre me sentía relajada física, mental y espiritualmente después de cada sesión. Luego de algunos meses reduje el número de tratamientos a uno o dos por semana. Actualmente sólo practico reiki cuando lo necesito. No creo que esto sea una buena idea, y una decisión apropiada para mí sería emplear al menos una hora semanalmente para la práctica del reiki. Digo esto porque a pesar de que ahora me siento saludable, también sé cuándo falta algo en mi vida. Después de una hora de hacer reiki puedo sentirme más controlada, los dolores menores se disipan, y me siento más feliz y capaz de enfrentar la vida en general.

Nunca menciono o discuto asuntos espirituales con mi esposo; él es muy "puesto sobre la tierra" y no cree en estos campos. Sin embargo, cuando estoy pensando: "Debo hacer reiki", él invariablemente dice: "¿No tenías ahora una sesión de reiki?"; él es consciente del cambio en mí después de un tratamiento.

Al mirar hacia atrás, desearía haber tenido la oportunidad de encontrar antes el reiki. Muy a menudo hallamos algo sólo cuando lo necesitamos. Si hubiera conocido y practicado el reiki con anterioridad, podría haber mantenido una mejor salud, y evitado el cáncer de seno. Sin embargo, he aprendido que nunca deberíamos decir "si tan sólo". Puedo decir ahora que el reiki siempre jugará un papel importante en mi vida.

Desde que practico el reiki he sido generalmente una persona mucho más feliz, y me siento más unida al lado espiritual de la vida, y por ello siempre estaré agradecida.

Claridad, sabiduría y compartir responsabilidades
Por Mary Dawson

Después de meses de trabajar, estudiar constantemente, y dividir el tiempo restante entre mi familia y los amigos, estaba agotada física y emocionalmente. Me sentí usada, maltratada y sin apoyo.

Aprendí y practiqué reiki, esperando que me ayudara, y lo hizo, pero no de la manera que yo imaginaba. Después de las sesiones de autotratamiento me sentía más fuerte y relajada, pero luego surgían de nuevo las tensiones y el dolor emocional.

Una mañana, desesperada me senté y pedí al reiki consejos en lugar de curación, y todo se aclaró. Lo que causaba mi sensación de acoso eran los problemas de otras personas y no los míos.

Estaba asumiendo responsabilidades de personas muy cercanas a mí. Con una manera equivocada de aliviar sus cargas, sacrificaba mi salud y bienestar, y al mismo tiempo construía una pared entre ellos y yo, además de amargarme por sus insuficiencias. Desde entonces, durante mis sesiones de autocuración, dirijo el reiki a estas personas para su "mayor bien". Los resultados han sido significativos para todos; hemos expresado los temores ocultos y las realizaciones, las actitudes han cambiado, y se ha restaurado la confianza. En realidad creo que en el fondo estaba consciente de la causa de mi dilema, pero era incapaz de afrontarla, preferí ignorarla. Creo que el reiki mostró mi debilidad; no sólo me dio la fortaleza para aceptar y enfrentar los problemas, también me infundió valor para regresarlos a su legítimo propietario. Ahora, con la ayuda del reiki, soy libre para ofrecer amor y apoyar a estas personas mientras asumen sus responsabilidades y aprenden a manejarlas, en lugar de dejárselas a los demás. ¡Gracias reiki!

Una razón para ser especial
Por Ellen Carney

He estado usando reiki durante casi un año, tiempo en el cual han surgido muchos desafíos. Sin el reiki estoy segura que no los habría enfrentado tal calmadamente como lo hice. No he usado el reiki tanto o tan a menudo como desearía, pero me da una esperanza adicional frente a las situaciones cuando lo practico. Cuando lo uso con amigos incluso el más escéptico siente el calor de unas manos muy dolorosas.

El reiki realmente nos hace pensar acerca de la vida, cómo influenciamos a quienes nos rodean, y cómo nos influencian los demás; nos hace conscientes de lo importante que son las cosas más pequeñas de la vida. Ha dado a la vida otra razón para ser especial.

Cambios sutiles
Por Jean Carney

El reiki ha cambiado mi vida de maneras muy sutiles. Me he dado cuenta de que todo tiene un propósito, aunque éste no sea obvio en el momento. Usar el reiki para mejorar mi vida y la de los demás puede dar resultados sorprendentemente rápidos. He logrado tener más calma y ser más tolerante frente a los problemas inesperados que surgen diariamente.

El nacimiento de un maestro
Por Barbara Ashworth, maestra de reiki

Durante muchos años, el reiki se ha manifestado en mi vida de diferentes formas, pero al haber tomado otro tipo de decisiones, nunca le presté atención. Ya me encontraba trabajando en mi crecimiento espiritual con un gurú llamado Sri Ravi Shankar, y pensaba que todo lo que necesitaba, ya lo había encontrado.

Un día una amiga mía que había estado interesada en la curación durante muchos años, me telefoneó para preguntarme si me gustaría ir con ella a una charla pública sobre reiki. Pensé que podría ser interesante pero no tenía intención de tomarla en serio. Después de que terminó la conferencia hablamos sobre el asunto y para nuestra sorpresa encontramos que las dos habíamos decidido asistir sólo porque pensábamos que la otra quería hacerlo. Si lo hubiéramos sabido antes no habríamos ido. No podía dejar de pensar que, aunque no deseaba practicar reiki con el maestro que dio la charla, había una razón para que yo estuviera ahí, y que tal vez en algún lugar habría un maestro adecuado para mí. Entonces decidí que si lo encontraba practicaría con él. Escuché acerca de otros dos maestros, pero tampoco me interesaron. Después un amigo me mostró un anuncio de clases de reiki que se darían en la ciudad. Llamé a la maestra para preguntarle más sobre el curso, sentí que era el momento, y de este modo empecé mi primer grado en esta técnica.

Hasta ese momento tenía dudas, necesitaba pruebas de que el reiki funcionaba. No tuve que esperar mucho, pues un día estrellé la puerta del auto sobre mis dedos; el dolor era insoportable, e inmediatamente apliqué reiki. Luego de media hora no sentía dolor, y el día siguiente no tenía ningún moretón, como si no hubiera sucedido nada.

Pocas semanas después me rompí el tobillo. Los doctores decidieron usar un vendaje firme en lugar de yeso, y me dijeron que no pusiera peso sobre él. Seguí las indicaciones y apliqué mucho reiki antes de la siguiente visita al hospital. En esta ocasión me vio otro doctor, quien quitó la venda, y no encontró ninguna hinchazón… yo le dije que no sentía dolor. Luego me pidió que esperara mientras examinaba los rayos X originales, pues no creía que hubiese habido una fractura. Regresó muy asombrado, había visto la lesión claramente en los rayos X. A partir de ese momento no tuve más dudas acerca del reiki.

Algunas semanas después una amiga me habló de un hombre de cuarenta y tres años que tenía cáncer terminal, y me preguntó si podía darle reiki. Fui a verlo y le di reiki todos los días durante tres meses. Trabajé principalmente a través de sus manos y pies, y luego de dos semanas se levantaba de la cama, se sentaba en el jardín, y empezó a salir a dar caminatas cortas. Estuvo bastante bien por algún tiempo, pudo ir a la iglesia para ver a sus jóvenes hijas en el festival de la cosecha, y viajar a Yorkshire a encontrarse con su madre.

Tenía mucho miedo de morir, pensaba que se "podría ir" mientras dormía, y algunas noches no podía conciliar el sueño por dicho temor. A veces yo me quedaba por la noche y le daba reiki, el cual lo ayudaba a calmarse y empezó a aceptar su situación. El miedo llegó a ser tan intenso, que le pedí a mi maestra que le enviara reiki a distancia, lo cual fue muy útil. En ese momento ella también me sugirió que tomara el segundo grado para que pudiera usar los símbolos con el fin de ayudar al hombre que estaba tratando. No tenía el dinero para hacerlo, pero de todos modos me enseñó, sabiendo lo tanto que quería yo ayudar a esta persona. Aprender el segundo grado aumentó mi habilidad para canalizar el reiki, y estoy segura que la transición del paciente habría sido mucho más difícil para él y su familia sin la ayuda de esta maravillosa energía.

Comencé a trabajar más a menudo esta técnica, y muchas personas empezaron a solicitarme que les enviara reiki. Un día un amigo cercano me pidió que le enviara reiki a su sobrina, quien se había roto la tibia de la pierna izquierda. Días después mi amigo llamó para hablarme de lo contenta que estaba su sobrina, pues ya no tenía el intenso dolor que había experimentado, y podía caminar sin muletas.

Continué con mi práctica espiritual, que fue mejorada enormemente con el reiki, y a menudo ayudaba a mi maestra en exhibiciones, pues sentía que ella me había dado mucho al compartir el reiki conmigo. En una particular "exhibición de mente y cuerpo", mi maestra dio una charla sobre reiki, y muchas personas fueron a escucharla. Estaba atónita por el interés mostrado, y repentinamente caí en la cuenta de que hay muchas personas alrededor del mundo que necesitan ayuda, y podrían beneficiarse del reiki. Luego percibí un fuerte pensamiento de alguna parte que decía: ¿No crees que es tiempo de que seas maestra? En ese momento me sentí bañada en felicidad, respondí mentalmente: ¡Sí! Después empecé a dudar de esta fuerte intuición, pues sabía que tendría mucha dificultad en la obtención del dinero para convertirme en maestra. Así que compartí mi situación con una amiga, quien me dijo: "No te preocupes, sabes que si es el momento adecuado, todo se dará"; yo lo sabía, pero oírlo de alguien más abrió más esta posibilidad. Después de la charla de la maestra regresé al stand, donde estuvimos demostrando y compartiendo reiki con las personas. Sin embargo, no podía quitarme la loca idea de que realmente sería maestra ese mismo día; no sabía cómo podría ser posible.

Horas después quedé a solas con mi maestra, quien puso una silla frente a mí y dijo: "Barbara, hay algo que me gustaría hacer por ti". Me senté sin hacer preguntas, lo cual es inusual en mí. Me di cuenta de que estaba empezando la iniciación, y en principio pensé que podría ser otra iniciación del segundo grado. Sin embargo, luego de unos cuantos minutos supe que era algo más. Sentía como un embudo a mi derecha de donde empezaron a salir grupos de símbolos que luego me rodearon. Me sentí maravillosamente bendecida; después de esta iniciación de mi maestra me paré, nos abrazamos, y de nuevo lloré.

El día siguiente hablé otra vez con mi maestra acerca de esta experiencia, y me comentó que poco antes de la iniciación uno de sus guías espirituales le había dicho que era el momento indicado para otorgar el poder. Ella pensaba que no era el lugar apropiado, pero el guía le dijo que no habría problema, pues el sitio quedaría solo y tranquilo antes de la iniciación.

Agradezco a Padma O'Gara, mi maestra de reiki, desde el fondo de mi corazón, y estoy agradecida con los divinos maestros por usarme como un canal para esta energía.

No hay reglas
Por Keith Beasley, maestra de reiki

Muchos maestros presentan el reiki como una serie de formas que deben ser practicadas de la manera que son enseñadas. Eso —para mí— no está en concordancia con el espíritu del reiki. El reiki es una energía viva de continuo cambio, y siempre responde a la realidad del aquí y ahora. Como tal no puede ser definido, no puede ser descrito sólo con palabras.

Después de muchos años de trabajar con normas, me di cuenta que las leyes, las reglas, los estándares, o como se quieran llamar, son para quienes no son capaces de pensar por sí mismos. Una vez que entramos al camino del reiki, aceptamos nuestra responsabilidad con la vida, no necesitamos más que otras personas nos digan o muestren el camino para abrirnos hacia el universo. El reiki nos enseña a ver la realidad de una situación dada para actuar en conformidad. ¿Cómo puede un juego de normas escritas adaptarse a todas las diferentes realidades que podríamos enfrentar? La autoridad en el reiki no proviene de una asociación, ni de un gran maestro, sino de la energía. Phyllis Lei Furumoto admite que si hay dudas debemos escuchar nuestra voz interior. Entre más lo hacemos, más confiamos en el reiki, el universo, nuestro ser interior o superior, y vemos con mayor certeza que ésta es la única sabiduría que hay.

Adoptamos reglas sólo por temor. Tendemos a aferrarnos a los "debes y deberías" que la vida nos presenta porque parece más fácil. ¿Pero lo es? No a largo plazo. A medida que entendemos más, a través del reiki, nos damos cuenta con cuántas "reglas" nos autolimitamos. Hay mucho condicionamiento. Usando el reiki en nuestra vida, nos liberamos de creencias y sueños, y vemos la realidad cósmica. Al comienzo tenemos miedo de vivir sin la seguridad de las normas, pero finalmente vemos que ese sentimiento de vacío inicial induce a la libertad que buscamos. La libertad de sólo "ser", para responder al momento con la mente, el cuerpo y el alma. No hay reglas, ideas preconcebidas, expectativas, o suposiciones. Ésa es la esencia del reiki —nos libera de nuestras propias limitaciones mentales. Acepte la incertidumbre en su vida… ella le da a los ángeles la oportunidad de hacer milagros.

Reiki y expectativa

Por Karen Stratton, maestra de reiki

Uno de los aspectos más fascinantes del reiki es el hecho de que parece tener mente propia. El mismo nombre reiki puede ser traducido como "energía vital guiada espiritual-mente". Éste es realmente un nombre apropiado, pues con frecuencia parece tener una forma de funcionar que no esperamos. Esto a veces puede ser frustrante cuando queremos "curar" una condición específica de alguien. Pienso que siempre debemos asegurarnos de que el paciente se dé cuenta de que el reiki no es dirigido por el practicante, y que siempre funciona de la manera apropiada para el mayor beneficio del individuo, a veces de una forma que no esperamos.

Con base en mi experiencia veo que el paciente a menudo busca el reiki creyendo que los síntomas presentes serán "curados". Yo explico que esto tal vez no suceda. El reiki es requerido en un nivel del ser, tal vez para la curación de otra condición física, o para aliviar otro aspecto de la vida de la persona.

Las cosas inesperadas en mi propia experiencia nunca dejan de asombrarme y agradarme, como el caso de una mujer joven que buscaba una curación mental-emocional de su triste vida. Ella tenía muy baja autoestima, sentía que era víctima de las circunstancias. Durante el periodo inicial de seis semanas, mientras venía por tratamientos programados, sucedió algo bastante inesperado. Antes de empezar el tratamiento conmigo, esta mujer había visto un ginecólogo que encontró un fibroma del tamaño de una bola de billar, lo cual implicaba la necesidad de una histerectomía. Debido a la lista de pacientes en su área, le dijeron que tendría que esperar 18 meses para su tratamiento. Luego le recomendaron que fuera revisada por otro especialista donde las listas de espera fueran más cortas. Mientras esperaba la cita comenzó tratamientos de reiki conmigo, y en la tercera o cuarta sesión experimentó poderosas oleadas de energía en el abdomen durante el tratamiento, y al día siguiente sintió extremadamente sensible esta área. Cuando vio al segundo especialista le informaron que, debido a que el fibroma era sólo del tamaño de una canica, no necesitaría cirugía alguna. Obviamente puede haber otras razones para que esto haya sucedido, pero las coincidencias parecen indicar que fue el efecto del reiki.

Otra sorpresa fue una niña con lupus, quien tenía exceso de peso a causa de la retención de agua. Odiaba su apariencia y se había deprimido bastante. Su padre me preguntó si podía ayudarla, y yo le dije que estaba segura que ella podría enfrentar mejor la situación, incluso si la condición no cambiaba. Tan pronto como recibió su primera sesión empezó a orinar con más frecuencia, y durante los siguientes seis tratamientos se drenó el agua retenida, dejándola casi con su peso normal, y con una vida mucho más feliz.

Luego experimenté el caso de una mujer que después de un ataque físico no era capaz de hablar con nadie, estaba extremadamente deprimida. Pensé que con varios tratamientos de reiki se sentiría más relajada con respecto a los sentimientos y emociones concernientes a su situación, y que luego podría aceptar algunos consejos adicionales o hipnoterapia para tratar a fondo el trauma. Sin embargo, para mi sorpresa, después del primer tratamiento pudo recoger de nuevo las piezas de su vida, algunas semanas después no necesitó más atención. Me di cuenta que a largo plazo sí necesitaba más ayuda, pero el punto es que el reiki funcionó otra vez de manera inesperada.

Hay innumerables ejemplos que podrían ser adicionados a este artículo, de mi experiencia personal, y la de mis estudiantes y otros practicantes. Hemos aprendido a confiar en la sabiduría innata del reiki, nunca causa daño y siempre actúa en la forma apropiada para lograr el mayor bien del individuo. Pero como humanos a veces olvidamos esto, y podemos ser culpables por esperar resultados específicos.

Tal vez la lección aquí, cuando hablamos del reiki y lo que puede hacer, es "esperar lo inesperado", o más apropiadamente "no tener expectativas" y dejar que el poder curativo actúe con su forma maravillosa y misteriosa.

Reiki, fusión con las manos
(Del libro *Reiki at Hand*,
de Teresa Collins, maestra de reiki)

Antes de comenzar a practicar reiki, estudié meditación budista durante dos años, y encontré esto muy útil para identificar lo que estaba experimentando interiormente. Durante cada sesión de reiki podía diferenciar rápidamente lo que era mío y lo que pertenecía al paciente. Es una gran ayuda experimentar los síntomas del paciente desde una perspectiva tanto académica como humanitaria. Cuando reconozco que algo dentro de mí pertenece al paciente, le agradezco a la energía por traerme dicha información. Si los síntomas permanecen en mí por algún tiempo después de terminar la sesión, usualmente es algo que estoy curando dentro de mí misma.

¿Cómo es posible que el practicante experimente los síntomas del paciente? Durante una sesión de reiki la energía del paciente y el practicante es una sola. Esto significa que si la mente del paciente es hiperactiva, la del practicante tendrá esta tendencia; si el paciente está deprimido, el practicante puede también sentir depresión. No todos los síntomas son recibidos por el practicante, sólo los que la energía considera que éste debe conocer.

A veces el practicante siente síntomas que no son percibidos por el paciente. Una vez atendí a una mujer que se había caído de las escaleras la noche anterior, y durante la sesión de reiki me sentí bastante mareada. Mencioné esto después de la sesión, y le dije que se encontraba en "shock" y que debería ir a casa a dormir. Ella insistió en que estaba perfectamente bien. Una hora más tarde empezó a sentirse mal y permaneció así durante 24 horas. Después me dijo que fue educada con filosofía "estoica", y que era muy difícil para ella sentir cualquier "debilidad" en sí misma.

El proceso en el cual el practicante siente los síntomas del paciente es llamado "fusión". El practicante no experimenta a largo plazo ninguna enfermedad o disfunción. Por ejemplo, si un paciente sufre de artritis en su espalda, el practicante puede sentir el dolor en esta área unos minutos durante la sesión, pero no seguirá desarrollando artritis por realizar el tratamiento.

Autocuración, maestría y transformación
Por Claire M. Ray, licenciada en ciencias, maestra de reiki Usui y Karuna, maestra seichem

En enero de 1990 me diagnosticaron cáncer de seno; tenía 42 años. Tan pronto como salí del hospital después de mi mastectomía, un amigo me llevó a un encuentro de "Can survive", el grupo de apoyo de habla inglesa del Hong Kong Cáncer Fund. Ahí un hombre joven hacía una curación a una mujer que había perdido una pierna por cáncer óseo. Después ella dijo: "Ahora me siento mucho mejor"; el curador preguntó si alguien más se sentía mal. Habría levantado mi brazo, pero mi cicatriz de doce pulgadas lo hizo difícil. Durante las siguientes semanas, me visitó tres veces para darme reiki, y también me envió dos veces energía a distancia. Cuando consulté de nuevo al cirujano para una revisión, no pudo creer la rápida curación de la cicatriz, y el poco malestar que yo sentía.

En marzo, una maestra de reiki llamada Esther Valle (ahora Esther Veltheim) vino desde Australia, y tomé el primer nivel con ella. Luego fui al Reino Unido para reformar mi casa, y estuve una semana en el Bristol Cáncer Help Center, un maravilloso lugar lleno de amor y energía positiva. Después estuve sólo tres días en Hong Kong antes de mudarme a Singapur con mi esposo y mi hija. Aún estábamos viviendo en el hotel cuando llegó un fax de Esther, el cual decía: "Llegaré la semana siguiente, ¿desea tomar el segundo nivel?" Efectivamente lo hice, sería la primera de las cinco clases del nivel 2 que realizaría con diferentes maestros durante los tres meses siguientes. En agosto de 1994 terminé en Escocia mi entrenamiento de maestría con William Rand. De camino a Hong Kong me detuve en Inglaterra para enseñarle a mi madre, a una tía y a varios amigos sobre reiki. He estado enseñando reiki desde entonces, en Hong Kong, Singapur, Gran Bretaña y Estados Unidos.

Una vez me visitó un paciente que tenía una enfermedad incurable. Una amiga practicante de reiki y yo duramos una hora trabajando en él. Ella se centró en su cabeza y yo en sus pies, haciendo reflexología y reiki a la vez. Durante media hora vimos una corriente de luz dorada avanzando por ambos lados de su cuerpo, y a su lado apareció un ángel. Cuando mi amiga tenía que marcharse el paciente estaba dormido. Aproximadamente diez minutos después se detuvo la música, y observé que el ángel había bajado hacia los pies del paciente, y dejé que el ángel continuara sin mi ayuda. Al rato el ángel desapareció, y yo toqué suavemente una campana tibetana para finalizar la sesión. Cuando el paciente despertó estaba atónito de verme sobre su cabeza, pues pensaba que aún estaba trabajando sus pies; todavía sentía el toque angelical. Ahora estaba completamente recuperado.

Hace varios años anciano mi padre se estaba muriendo. Mi madre, mi tía y yo estuvimos con él en el hospital, dándole reiki a través de sus manos y pies. Repentinamente se inquietó, como si tratara de empujar nuestras manos. Pregunté a mis ángeles cuál era la razón, y recibí la respuesta de que debíamos irnos para que él pudiera liberarse de su cuerpo terrenal. Así que quitamos nuestras manos, y cinco segundos después su espíritu abandonó el cuerpo.

La primera vez
Por Pam Green, maestra de reiki

Al haber trabajado con la energía de maestra de reiki durante casi doce meses, decidí que me sentía suficientemente apta para transmitir el regalo del reiki a otra persona. Poco después encontré mi primera estudiante. Como no tenía experiencia previa sobre curación natural, establecimos un ritmo constante y lento hasta el día de su iniciación, la primera vez para las dos.

Cuando coloqué mis manos sobre sus hombros para preguntarle si estaba lista, la tensión era obvia. Luego sentimos un golpe en la puerta frontal, le pedí que me excusara un momento. Había puesto una nota pidiendo que no me interrumpieran. Abrí la puerta y encontré una gitana. Antes que empezara el usual juego de palabras le dije: "Lo siento, estoy trabajando". Para mi sorpresa, dio la vuelta y salió casi huyendo por el camino que guiaba a la entrada.

Cuando volví a la habitación me disculpé por la interrupción, y coloqué de nuevo mis manos sobre los hombros de mi estudiante. Se acabó la tensión y ella estaba habilitada en el primer grado de reiki. Después hablamos de la experiencia y me dijo que antes del golpe sobre la puerta sintió sus hombros sobre sus orejas, pero que dicha sensación luego cesó. Cuando le dije que escogiera algo para dar su primera curación, eligió una planta grande que se encontraba en una esquina de la habitación.

Quedamos en vernos dos días más, y no podía dejar de preguntarme cómo se sentía con el reiki en su sistema… el sábado había sido el día de la iniciación. El domingo era su usual día de lavado, y para una persona con familia y trabajo, esto siempre le tomaba mucho tiempo. La lavadora no funcionó; ella estaba furiosa.

No hubo posibilidad de llamar un técnico. Su esposo llegó a casa pero no podía hacer nada al respecto… luego ella se paró en la cocina preguntándose qué podría hacer. Después le vino a la cabeza una idea, "ya sé, le daré tratamiento reiki". Admitió sentirse extremadamente ridícula por colocar sus manos sobre una lavadora para que el reiki ayudara a resolver su problema.

No habría contado esta historia si no tuviera un final feliz. La máquina funcionó el tiempo que la necesitó, y en el transcurso de la semana llamó al servicio de reparación convencional, pero consideraba que el reiki había hecho su parte cuando más lo necesitaba.

Ella no sabía que había dado un preciado regalo a mi inicio como maestra de reiki. Me siento realmente bendecida por tan maravilloso comienzo en mi nueva carrera.

Adicto a las caras bonitas
Por Keith Beasley, maestro de reiki

Decidí aferrarme al reiki porque pensé que podría poner fin a mis adicciones. Me había dado cuenta años antes que era demasiado sensible a un "par de ojos hermosos". Recibir una sonrisa de una mujer con ojos claros y profundos era suficiente para enamorarse desesperadamente. Realmente patético, pero cuando somos educados en medio de películas románticas y aprendemos que la vida significa amar y ser amado, ¿qué más hace un hombre solo?

Tres años de reiki intensivo sobre mí mismo, y enseñándolo como maestro a otras personas, me han proveído muchas respuestas. De algún modo había adoptado la idea que el único género de amor era el romántico. Estaba equivocado, el reiki es amor, y puede ser aplicado en cualquier situación. En mis años de práctica encontré lo maravilloso que es el acto de amor de compartir reiki con los amigos, estudiantes, la familia, la naturaleza, conmigo mismo y todo lo demás. Poco a poco me di cuenta que mientras el amor con una mujer especial es la única forma de compartir unos de los aspectos más íntimos e intensos de este sentimiento, hay muchas formas más abiertas a nosotros. Entre más comparto más recibo, y es menos importante tener una cara bonita alrededor.

El reiki, con la ayuda de algunas mujeres, me enseñó que nunca podemos realmente confiar en otra persona para satisfacer nuestras necesidades, pero sí podemos confiar en el universo. Cuando una "amada" no telefoneaba, tenía a la mano otra fuente de amor: el reiki. No diría que las lecciones han sido fáciles, pero el reiki me ha permitido afrontar mi adicción y trabajar en ella, de tal forma que ahora puedo disfrutar la compañía de una cara bonita sin "perder la cabeza". El reiki me ayudó a ver que, como dice la canción del gran Freddy Mercury: "Realmente nada importa".

Mi historia con el reiki
Por Sheila Sellars

Una amiga del trabajo, quien tenía intereses similares a los míos, y que también iba a una iglesia espiritualista, me habló acerca de americanos que habían visitado una iglesia local tiempo atrás, y de una técnica de curación llamada reiki enseñada por ellos. Nunca había oído nada sobre este sistema, pero ella me dijo que cualquiera podía practicarlo, lo cual encontré difícil de creer en ese tiempo, alrededor de 1992.

Comencé a ir regularmente a esta iglesia espiritualista con mi amiga; disfrutábamos mucho los servicios. Una noche anunciaron que los americanos vendrían de nuevo a enseñar reiki. Cuando llegaron se dirigieron a dar sus clases en un centro cercano que ofrecía terapias alternativas para algunas de las personas pertenecientes a la iglesia. Los americanos habían regresado para ofrecer a quienes habían tomado el primer grado la oportunidad de seguir el segundo grado; además estaban dispuestos a enseñar el curso inicial para estudiantes nuevos y el avanzado a quienes ya habían recibido el segundo grado.

Realizaron una charla promocional en el centro, y mi amiga y yo fuimos a ver de qué se trataba. Me impresioné mucho por la energía que podía sentir y, aunque era aún poco escéptica, decidí tomar el curso de primer grado sólo por curiosidad; en ese tiempo no tenía la intención de profundizar en dicho campo.

Tomé el curso de primer grado ese fin de semana, y quedé completamente asombrada de lo que sentí. Se había abierto un nuevo camino para mí, pero en esos momentos no me daba cuenta. Con los ojos cerrados comencé a ver colores que nunca había visto. Una semana después tuve una de las mejores experiencias de mi vida.

Se decidió que todos se presentaran con sus certificados en el Town Hall local, esto daría la oportunidad de que personas de diferentes niveles se encontraran, meditaran e intercambiaran reiki. Mi maestra nos guío a la meditación, y me encantó la música que había puesto, me recordaba el desierto, mucha arena y hierba enrollada. Estaba imaginando eso cuando se me congeló completamente el lado izquierdo, el lado derecho permaneció igual; luego sentí que mi silla se levantaba del suelo; después vi un hombre chino, un mandarín, que se paró detrás de mí pero nunca habló, sólo estuvo ahí por un rato; usaba una túnica naranja con mangas anchas. No me di cuenta que tenía sus manos dentro de las mangas; también usaba un sombrero mandarín redondeado a los lados. No estuvo presente mucho tiempo, pero sentí algo realmente maravilloso, algo que nunca olvidaré. Supongo que se me presentó para ser mi guía, y yo le agradezco enormemente la ayuda. Pienso mucho en él; lo llamo el señor Chang, no sé si ése es su nombre correcto, pero me doy cuenta que sabe que soy yo quien habla con él, y realmente me ayuda.

Estaba satisfecha con la energía del primer grado, así que decidí continuar y de nuevo pensé que no profundizaría más en el reiki, pues en aquel tiempo era demasiado costoso para mí considerar convertirme en maestra. Finalmente recibí el grado de maestra, gracias a una amiga médium, quien me telefoneó para decirme que los ángeles le habían informado que yo debería dar dicho paso. De todos modos medité el asunto un tiempo debido al costo, pero mi amiga sabía que el curso también era ofrecido por una dama americana en Glastonbury, así que tomé la oferta en enero de 1995. Desde entonces me han sucedido diferentes cosas, y estoy asombrada del progreso espiritual, mental y físicamente que he tenido con el reiki. Me he dado cuenta de que el reiki es una maravillosa herramienta en el proceso de curación natural, y que muy sutilmente nos guía por el camino correcto hasta nuestro destino. También he entrenado muchas personas en este antiguo arte, y siempre me emociono de la realización y la alegría que sienten en sus etapas de evolución. Siento un gran cariño por mis estudiantes, y es un privilegio enseñarles.

Veo que las iniciaciones afectan a las personas en forma diferente. Algunos no ven ni sienten nada en ese momento, y otros observan muchas cosas. Siempre digo a mis estudiantes que las iniciaciones son personales y lo que suceda es lo apropiado para cada uno.

He tratado animales con la energía, y encuentro que la aceptan con mucha naturalidad; tienden a regresar por más, y simplemente deambulan cuando tienen suficiente.

Cuando nació mi nieta, ella tenía la cabeza un poco deformada debido a algunos problemas durante el parto. La partera dijo que volvería a la normalidad diez semanas después; así que luego de dos semanas pensé que podía trazar los símbolos reiki sobre la cabeza de la niña para ver qué sucedería. En esa misma semana la cabeza recobró su forma normal; la partera no podía creerlo. De nuevo el reiki hizo maravillas.

No siempre se le da crédito al reiki por el bien que hace; ha habido casos en que personas con actitudes fijas se han beneficiado de la energía pero han atribuido el alivio a algo diferente. Por ejemplo, he conocido personas que mejoran su respiración y afirman que es debido al clima. Eso está bien, lo importante es que la persona tratada progrese. Debemos ser tolerantes, todos estamos en una etapa diferente del programa de la vida.

También me he dado cuenta de que con el reiki he sido guiada a aprender otras cosas. Estas cosas parecen surgir en el momento indicado; digo esto a personas que están también en esta situación, sigan adelante, todo será revelado.

Personalmente creo que la energía reiki debe ser apreciada y valorada. No estoy de acuerdo con quienes piensan que debería tener un costo ínfimo; la energía debe estar disponible para todo el que la quiera, pero a un valor que los ayude a apreciarla, y a trabajar con ella amorosamente.

El reiki ha marcado mi vida y la de mis estudiantes.

EL BUEN CORAZÓN

Estamos viviendo tiempos de grandes oportunidades para progresar y cambiar en forma positiva. Sinceramente hablando, pocos tienen la posibilidad de ayudar a una gran cantidad de personas.

El reiki está ayudando a cambiar el mundo. Esta revolución pacífica y silenciosa afecta a todos, no sólo a quienes practican esta técnica. Cuando decidimos aprender y usar el reiki constantemente, estamos haciendo algo muy especial y significativo en nuestras vidas, algo que también beneficiará muchas generaciones posteriores. Mientras desarrollamos nuestra intención de seguir el camino hacia la sabiduría y el autoconocimiento, como lo hizo Mikao Usui, el mundo entero se convierte en una sola comunidad pacífica y de apoyo mutuo. Si más personas desean llevar la luz del reiki, sin importar raza o religión, con la motivación de ayudar a los demás, esta luz se extenderá y tocará el corazón y la mente de todos los seres vivos, ayudando a terminar definitivamente con la ignorancia, la opresión y el sufrimiento.

Hay muchos caminos para el crecimiento personal, la curación y la felicidad interior. El reiki es uno de ellos, y puede mejorar todos los demás. El reiki busca la honestidad, el buen corazón, y la voluntad de aprender. Si quiere obtener lo mejor del reiki, sólo sea usted mismo, siga su corazón, aprenda de su propia experiencia, y el reiki le mostrará el camino que debe seguir. La experiencia personal con el reiki es mucho más valiosa que cualquier intento por explicar sus orígenes o categorizarlo. Juegue con él, compártalo, cometa errores con él. Sólo de este modo descubrirá su propio potencial, y la oportunidad que le ofrece el reiki para que se convierta en todo lo que es.

Las respuestas a los problemas que siempre enfrentaremos se encuentran dentro de nuestra propia mente. Con la voluntad de cambiar, podemos usar el reiki para aprovechar los recursos infinitos que yacen en nuestro interior, y remover gradualmente las capas de ignorancia y confusión que matizan lo que vemos como "realidad".

Buda enseñaba que "todo depende de la mente". Podemos decir que la felicidad radica en la mente, no en factores externos. Entender esta simple verdad es la clave para resolver todos nuestros problemas. Si empezamos a seguir este camino de entendimiento, con la ayuda del reiki, nos guiará hacia la felicidad y la paz interior, y nos dará la habilidad de realmente beneficiar a otras personas. Nada es más preciado que el deseo de cambiar positivamente y mejorar la calidad de nuestra vida y la de los demás, conociendo nuestra verdadera naturaleza.

El principal deseo de todos los seres vivos es encontrar felicidad duradera. Si buscamos nuestro objetivo en nuestro interior, motivados por el deseo de compartir con los demás esta riqueza infinita, no puede haber un mayor propósito en nuestra vida. Este es el reiki viviente.

Ofrecimiento

Para el mayor beneficio de todos los seres vivos.

APÉNDICE 1
MEDITACIÓN

La necesidad de una solución duradera a los problemas de estrés y ansiedad creados por la naturaleza de la sociedad "material" de nuestros días ha guiado a la conformación de grupos de meditación de casi todas las ciudades. Estos grupos varían en contenido y origen espiritual, por eso es importante que encuentre uno que sienta apropiado para usted, y sea dirigido por un maestro calificado.

Meditación budista

La mayoría de los grupos de meditación pueden encontrar sus orígenes en Buda, quien vivió hace más de 2000 años. Este hombre nació en una de las más ricas y poderosas familias reales de la India, y pasó los primeros veintinueve años de su vida viviendo como un príncipe. Sin embargo, a pesar de tener riqueza, salud y buenas relaciones, se sentía incompleto y veía en los demás la gran necesidad de una solución real a los problemas de la vida. Finalmente entendió que la mayoría de personas buscan la felicidad en el lugar equivocado. Estaba seguro de que la felicidad duradera podía ser encontrada con sólo entender y desarrollar la mente. Decidió renunciar a su herencia, y dedicó el resto de su vida a alcanzar el máximo estado de sabiduría y felicidad, para después compartirlo con los demás. Todas las enseñanzas de Buda fueron registradas y transmitidas a través del tiempo, de tal suerte que ahora tenemos un linaje puro hacia el camino de la iluminación total.

La Nueva Tradición Kadampa

La Nueva Tradición Kadampa (NTK) es una de las más grandes organizaciones budistas internacionales. Fue establecida en 1976 por el maestro de meditación tibetano Geshe Kelsang Gyatso Rinpoche; su propósito es "presentar la principal corriente de enseñanzas budistas de manera pertinente y aplicable a la forma de vida occidental contemporánea". La mayoría de ciudades en el Reino Unido tienen un centro residencial NTK o grupo de meditación, y otros están siendo abiertos en Estados Unidos, Europa y otros lugares. Para que encuentre su centro budista más cercano, o si desea que un maestro le dé una charla introductoria sobre budismo en su sector, contacte a:

NKT-IKBU

New Kadampa Tradition
Conishead Priory
Ulverston, Cumbria, Inglaterra
LA12 9QQ
Teléfono/Fax: 01229 588533
E-mail: kadampa@dircon.co.uk
http://www.kadampa.dircon.co.uk

En Estados Unidos contacte a:

New Kadampa Tradition
Saraha Buddhist Center
P.O. Box 12037
San Francisco, CA 94112
Tel.: (415)585-9161
Fax: (415) 585-3161
E-mail: saraha@kadampa.org

APÉNDICE 2
LA ASOCIACIÓN
Y LA ALIANZA DE REIKI

La asociación ofrece una revista trimestral con información acerca de intercambios de reiki y otros eventos en la comunidad reiki, una línea telefónica de ayuda, y un servicio para consultas internacionales que fue establecido para organizar grupos de curación para situaciones mundiales como hambrunas, guerras, pobreza y otros conflictos o crisis globales.

The Reiki Association
Cornbrook Bridge House
Clee Hill, Ludlow, Shropshire, Inglaterra
SYS 3QQ
Tel/Fax: 01584 891197
E-mail: KateReikiJones@compuserve.com

The Reiki Alliance
P.O. Box 41
Cataldo, ID 83810, Estados Unidos
Tel: 1 208 682 3535
Fax: 1 208 682 4848
E-mail: 75051.3471@compuserve.com

The Reiki Alliance
Postbus 75523 1070 AM
Amsterdam, Países bajos
Tel: 31 20 6719276
Fax: 31 20 6711736
E-mail: 100125.466@compuserve.com

AGRADECIMIENTOS

Gracias al doctor Mikao Usui por su don de curación que surge de su interior y del cielo. También agradezco al doctor Chujiro Hayashi y la señora Hawayo Takata, por traer el reiki a Occidente y hacerlo florecer.

Muchas, muchas gracias a mis padres por su constante amor y apoyo.

También a los maestros de reiki Carlyn Clay y Padma O'Gara por sus ejemplos acerca de la inspiración en la respiración, y a Mary Macintosh y Beryl Vale por su gran amabilidad al darme a conocer el reiki.

Sinceros agradecimientos a las siguientes personas que me ayudaron en diferentes formas: mis hermanas Paula y Clare y sus familias; mis padrinos May, Jimmy y James; mis amigos Greg, Paul y Paul, Kelsang Tubchen, Sam y todos los que contribuyeron en la realización de este libro.

Además, gracias especiales a quienes me han cuidado y enseñado, particularmente a los venerables Geshe Kelsang Gyatso Rinpoche y Kelsang Khyenrab por sus grandes enseñanzas y bendiciones.

Reiki para principiantes, de David F. Vennells
se terminó de imprimir en enero de 2016
en los talleres de
Impresora Tauro S.A. de C.V.
Av. Plutarco Elías Calles 396, Col. Los Reyes, México D.F.